KB212788

茶_다
毘_비

茶 다

毘 비

위빠사나 수행기

茶毘
다 비

정해심 지음

에디터
editor

Namo Tassa Bhagavato Arahato Sammāsambuddhassa

존귀한 분, 공양받을 만한 분,
완전한 깨달음을 이루신 부처님께 경배합니다.

차 례

머리말

어느 날 나는 바르게 누워 살아 있는 몸에 다비[1](茶毘)를 시작했다. 출가하지 못한 아쉬움을 남긴 채, 심신을 포기하는 마음으로 가로로 하나, 둘, 세로로 하나, 둘, 마른 장작을 하나씩 쌓아 올려 커다란 더미를 만들었다. 그리고 그 위에 몸을 편안하게 얹어 놓았다. 불을 붙이자 장작더미가 천천히 타오르면서, 불길은 점점 뜨겁게 달아올랐다. 오르는 불과 열기는 머지않아 몸으로 옮겨 붙어 살과 뼈를 태우기 시작했다. 머리, 몸, 팔, 다리, 발끝까지 하나씩 하나씩 살과 뼈를 조금씩 태워나갔다. 몸은 이글거리며 타오르고, 붉은 불덩어리가 되었다. 그리고 불덩이는 붉은 숯덩이가 되어 속속들이 타들어 갔다. 붉은 숯덩이는 표면에서부터 하얀

---

1 다비: 불에 태운다는 뜻으로, 죽은 이의 시신을 불에 태워 그 유골을 거두는 불교의 장례 방법.

茶毘 다비-위빠사나 수행기

재가 되어 조금씩 날아가기 시작했다. 모든 숯덩이가 하얗게 재가 되어 날아간 다음, 내 몸은 남김없이 완전히 사라져 버렸다. 아무것도 남지 않았을 때 나는 스르르 잠들었다.

잠에서 깨어나니 여기저기 아프던 몸은 부드럽고 편안해졌다. 모든 것이 귀찮고, 포기하고 싶고, 우울했던 마음도 평온해졌다. 어떻게 이런 변화가 왔을까? 몸의 구석구석 부분 부분이 조금씩 타들어 갈 때, 온몸의 타들어 가는 과정을 세밀하게 관찰했던 것이다. 이것이 관찰의 힘이었고, 이러한 관찰의 힘을 가르쳐 주는 수행이 바로 위빠사나(vipassanā)이다. 나는 '바로 이것이다'라고 확신하게 되었다.

이제 팔순의 나이가 되었다. 나는 20여 년 전의 수행 경험을 이야기하려고 한다. 막상 글을 쓰려고 하니 어디부터 시작해야 할지 모르겠고, 생생할 것 같았던 기억도 잘 안 나는 게 막연하게만 느껴졌다. 하지만 수행은 나의 인생에 있어 무엇과도 바꿀 수 없는 소중한 경험들이다. 이러한 나의 경험을 다른 사람과 나눌 수 있다면 어떨까 하는 오랜 고민 끝에 조심스럽지만 있는 그대로 적어 가기로 마음먹었다.

　나의 경험담이 누군가의 수행에 도움이 된다면 바랄 것이 없겠지만, 혹시라도 다른 사람의 수행에 방해가 되면 어떻게 하나 하는 고민도 적지 않았다. 그럼에도 불구하고 지나온 수행의 길을 정리하는 것이 다른 수행자들에게 도움이 될 수 있으리라는 주위의 권유에 컴퓨터 앞에 앉아 독수리 타법으로 자판을 치려니 그것도 쉽지 않았다.

茶毘 다비-위빠사나 수행기

위빠사나를 만나게 해주고 수행할 수 있게 도와준 많은 인연들에게 감사드린다. 그리고 나에게 항상 헌신적이고 보살과 같은 아내에게 고마운 마음을 전한다.

2017년 7월

정해심 합장

전쟁의 공포에 떨어야 했던 불행한 어린 시절

신과의 만남, 그리고 의심

일엽 스님을 통해 다가온 불교

붓다를 안고 위빠나사를 시작하다

제 1 장

고통스런 삶의 해방구로 다가온 수행

전쟁의 공포에 떨어야 했던
불행한 어린 시절

1938년 11월, 나는 평택평야 소작 농부의 아들로 태어났다. 어린 시절 내가 살던 곳은 아산만 상류에 위치한 제법 큰 소청다리 근처에 자리 잡은 작고 조용한 시골 마을이었다. 아침에 조수가 밀려들어 올 때면, '쏴〜아' 하는 물소리와 함께 장관을 보여주던 강가이다. 조수가 만조가 되면 바다같이 되고 간조가 되면 강이 되던 곳이었다.

나는 대부분의 유년시절을 갯벌에서 보냈다. 바닷물이 들어왔다가 빠져나가면 갯벌은 새로운 도화지가 된다. 아무도 손대지 않은 깨끗한 도화지에 내 마음대로 그림을 그리기도 하고, 경중경중 뛰어다니며 발바닥으로 손바닥으로 갯벌 위에 자국을 남기는 놀이에 빠져들곤 했다. 게다가 갯벌은 너무 보드라워 맨발로 뛰어다니며 놀기에 더없이 좋았다. 놀이기구가 따로 필요 없는 나만의 멋진 놀이터였다.

나의 놀이터는 군데군데 얕은 곳에 물웅덩이가 있었으며, 조금 비탈진 곳은 부드러운 미끄럼틀이 되어주었다. 머드로 뒤범벅이 된 발가벗은 몸이 미끄러지면서 물속으로 풍덩 들어가는 재미는 정말 좋았다. 개흙의 보드라운 느낌은 지금도 피부에 살아 있는 듯하다.

그러나 그 시절은 우리나라의 암흑기였다. 아침 조회시간이면 동쪽을 향해 절을 해야 하는 일본 학교에 다녀야 했고, 언제 나올지 모르는 무서운 칼을 찬 일본 순사가 신작로를 다녔다. 당시 일본 순사는 두려움의 대상이었다. 어른들은 말을 안 듣는 어린아이에게 '순사가 온다'라는 말로 겁을 줄 정도였다. 또한 '청결의 날'이라고 하여 소독약 냄새 나는 물을 담은 함지박에 들어가 목욕 겸 소독을 했던 기억도 있고, 나무를 때고 다니는 목탄 버스를 탔던 기억도 있다.

1945년 8월, 일본에서 벗어나 해방을 맞았다. 어린 나에게는 또

한 번의 커다란 변화가 기다리고 있었다. 그 다음 해인 초등학교 2학년 때 부모님과 동생들을 떠나야 했다. 태어나면서부터 내 의사와는 상관없이 아들이 없는 큰집의 장손으로 입양되기로 정해져 있었기 때문이다. 할아버지의 손에 이끌려 간 큰집은 서울 영등포 변두리에 있는, 집 앞으로 맑은 시냇물이 흐르는 조그만 집이었다. 나는 그곳에서 4km 정도 떨어져 있는 초등학교를 걸어서 다녔다. 동급생인 동네 친구는 힘이 좋아 늘 앞장서서 걸으며 으스댔지만, 힘이 약한 나는 기가 죽어 그 뒤를 따라다녀야 했다. 그래도 '공부는 내가 더 잘해' 하는 마음으로 위안을 삼고 지냈다. 그리고 6학년이 되었을 때, 육이오전쟁이 일어났다. 또다시 나의 의사와는 상관없는 엄청난 시련의 서막이 열렸다.

전쟁이 터지자 비행기가 하늘에서 총을 쏘아 댔지만, 논에 담긴 물에 '폭폭' 하고 떨어지는 소리에, 무서운 총알이라는 실감은 별로 하지 못했다. 그러나 은은하게 커지는 대포 소리는 무서웠다. 점점 크게 들리면서 밤새도록 퍼부어 대는 포탄 소리에 생전 처음으로 죽음에 대한 공포를 느꼈다. 죽음에 대한 두려움은 나의 조그만 가슴을 엄습해 왔다.

밤새 포탄 소리에 잠을 설친 이튿날 새벽, 우리 가족은 보따리를 챙겨 피난길에 올랐다. 철로를 따라 남으로 향하던 많은 사람들의 피난 행렬은 수원에 이르러서야 열차를 얻어 탈 수 있었다. 발 디딜 틈 없이 빽빽한 여객 칸에 겨우 올라타고 이제 살았나 싶을 때, 비행기들이 날아와 열차를 공격했다. 처음 들어보는 기관총 소리에 많은 사람들이 의자 밑으로 머리를 처박았지만 피할 수 있는 공간조차 없었다. 어떤 가족은 그 시절의 재산목록인 놋대야 밑에 온 가족이 머리만 집어넣고 움츠리고 있는 것도 보았다.

이것은 전쟁이란 비극의 시작이었다. 비는 퍼붓는데 국군들은 힘없이 계속 후퇴했고 인민군은 끊임없이 밀고 들어왔다. 서울에서 고향집으로 피난 온 식구들과 친척들은 한적한 시골로 피난을 해야 했다. 한동안 세상이 조용해지자 다시 고향집으로 돌아오던 중 인민군을 처음 보았다. 붉은 줄이 쳐진 바지를 입은 인민군이 나에게 물었다.

"피난을 가는 거냐, 돌아오는 거냐?"

내가 대답하기도 전에 옆에 있던 인민군이 말했다.

"돌아오는 거겠지."

그들은 마을에서 흔히 보던 형이나 아저씨 같았다. 무섭다는 생각은 들지 않았다. 그런데 조금 지나서부터 상황이 달라지기 시작했다. 밤이 되면 그들의 교육이 시작되었다. 인민군은 보이지도 않았고 동네 사람 일부가 그 일을 대신했다. 교육 내용은 잘 모르겠고 노래를 많이 배운 것으로 기억된다. 벼 알갱이를 세고 조 알갱이도 세었다. 나중에 공출을 위하여 수확을 계산하는 거라 했는데, 어쩐지 정확한 계산이 아니라는 생각이 들었다.

그리고 얼마 지나지 않아 인민군이 후퇴하면서 전쟁은 본격화되었다. 길가에는 죽어 나간 시신들이 늘어나기 시작했다. 왜 그렇게 죽음이라는 것이 두려웠는지, 나의 어린 마음은 항상 공포에 떨었다. 하늘에서 비행기 소리가 들리면 머리를 쳐들고 비행기를 끝까지 주시해야 했다. 맥주병 같은 물체가 내 머리 위로 떨어지면 같이 놀던 친구들과 흩어지면서 필사적으로 피해야만 했다. 잠시 후 '쨍~' 하는 굉음이 들리는가 싶으면 나는 벌써 논구덩이에 머리를 처박고 있었고, 귀는 먹먹해 아무 소리도 들리지 않았다. 잠시 후 주위가 잠잠해진 듯해 고개를 들어 보니 흙투성이가 된 친구들이 여기저기서 처박았던 머리를 들고 서로 얼굴을 마주보며 웃었다. 다행히 폭탄이 주변 다리에 떨어져 무사했던 것이다. 그 시절의 소총 탄피는 우리들이 갖고 놀 수 있는 놀잇감의 전부였다. 여기저기 떨어져 있는 탄피를 주워 총알치기로 서로의 탄피 따먹는 내기를 하며 놀았다.

茶毘 다비-위빠사나 수행기

유엔군이 들어오면서 우리는 신이 났다. 처음 보는 서양 사람들과 흑인들은 더 우람해 보였다. 유엔군들에게는 생전 보지도 못한 신기한 게 너무 많았다. 껌, 초콜릿, 과자, 통조림 심지어 담배까지…. 태어나서 처음 먹어 보는 맛있는 것이 많았다. 게다가 손을 내밀며 '할로' 하면 선심 쓰듯 이것저것 던져 주었다. 특히 담배는 할머님께 드리는 재미로 '투바고, 투바고' 하면서 미군들을 쫓아다니며 손을 내밀곤 했다. 참고로 투바고는 담배를 뜻하는 '타바코(tobacco)'로, 당시 사람들은 그렇게 불렀다. 유엔군이 이동하면 우리들은 분주해졌다. 그들이 떠난 빈터, 흙으로 메운 자리를 찾아다니면서 파헤쳤다. 왜냐하면 그들은 쓰레기를 땅에 묻고 가는데, 그 속에 통조림, 깡통과자 등 먹을 것이 많았기 때문이다. 먹을 것이 귀했기에 맛도 모르면서 금박지 속의 씁쓸한 커피를 핥아 대던 생각이 난다.

아이러니하게도 이 시절이 나의 인생에서 가장 행복한 시기였다. 젖 내음처럼 비릿한 냄새가 나는 어머니의 품에 안겨 행복함을 만끽할 수 있었기 때문이다. 그리고 삼 년 뒤 어머님은 세상을 떠나셨고, 뻥 뚫려 버린 소년의 가슴은 오래도록 메워지지 않았다. 여든이 된 지금도 어머니를 생각하면 그리움으로 눈가에 이슬이 맺힌다.

그렇게 시간이 흐르던 어느 날, 하늘을 바라보니 잠자리비행기 (헬리콥터)가 줄을 지어 계속 북쪽으로 향했다. 그러고 머지않아 국군이 들어왔고, 우리 가족은 다시 영등포로 돌아갈 수 있었다. 하지만 오래 머물 수는 없었다. 중공군의 공세에 밀린 1·4후퇴로 우리 가족은 다시 서울을 떠나야만 했다. 추운 겨울날 화물열차의 지붕 꼭대기에 간신히 몸을 실어 피난길에 올랐다. 셀 수도 없이 많은 피난민들 사이에서 이상한 사투리를 쓰는 북한에서 온 사람들을 처음 보았다.

전쟁이 오래 지속되자 점차 전쟁에 적응해 가기 시작했다. 처음에는 가눌 수 없는 죽음의 공포에 시달렸지만, 두려움은 점차 줄어들었다. 양쪽에서 쏘아 대는 대포의 중간 지대에 있으면서도, 엄청나게 큰소리로 터지는 포탄 소리에 밤잠을 설칠지언정 마음은 담담했다.

죽음의 공포나 두려움 못지않게 심각한 문제는 먹을거리였다. 살기 위해서는 쌀겨, 보릿겨 등 먹을 수 있는 것이라면 무엇이든 먹어야 했다. 여기저기 널려 있는 시체들도 더 이상 공포의 대상은 아니었다. 수많은 피난민들은 남녀노소 할 것 없이 누구나 살기 위해 발버둥 쳐야만 했다. 우리는 모두 아비규환 속에서 비참하게 절규하며 몸부림쳤다. 남한과 북한의 전선이 왔다 갔다 하는 사이에 많은 심리적 문제들도 발생했다. 화목했던 가족, 친지, 마을 사람들 사이에서 이념에 대한 갈등이 솟아났다. 어제의 친구가 갑자기 원수가 되어 버리는, 사람이 살아가는 이 세상의 구조가 이해하기 어려웠다.

1951년 3월 서울이 다시 수복되었고, 우리는 마침내 집으로 돌아올 수 있었다. 한강다리가 무너져 있었고 통행이 통제되어 많은 사람들이 강북으로 건너가지 못한 채 다리 남쪽에 모여 살았다. 다리 북쪽에 있는 서울 시내는 쉽게 들어갈 수 없었다. '도강증'이 있어야 들어갈 수 있는 서울 시내에 우연히 갈 수 있었다. 예전의 모습은 온데간데없이 사라지고 완전히 폐허가 되어 삭막하기 그지없었다. 도대체 왜 이렇게 비참한 전쟁을 해야 하는 것인지 알 수 없었다.

소년기의 나는 모든 것이 불행했다. 그 당시 사는 것이 행복하다고 느낀 적은 거의 없었다. 육이오전쟁을 겪고, 살기 위해 버텨야 했던 50년대 바닥 세상이 그랬다. 특히 나의 병약한 몸은 농사일을 하기에 부적합했다. 너무나 힘들고 견디기 어려웠고, 이러한 신체적 조건은 수모(受侮)가 되어 나에게 돌아왔다. 게다가 공부하고 싶어도 할 수 없는 환경마저 겹쳐 모든 것이 불행했다. 일찍이 세상을 포기한 절망 속에서 어쩔 수 없이 살아가는 삶이었다. 무엇보다도 배가 너무 고팠다. 마치 순한 강아지를 자꾸 때리면 사나워지듯이, 주변 환경은 나를 막다른 골목으로 몰아넣었고, 나는 점점 사나워지고 반항적으로 변했다.

신과의 만남,
그리고 의심

나의 수행은 기독교와의 만남에서부터 시작되었다. 불행하기만
했던 젊은 시절, 신과의 만남은 나에게 즐거움을 안겨주었다. '무
조건 믿어라.' 이것이 기독교와의 첫 만남이었다. 맹목적인 믿음
은 신과의 만남을 위한 지름길이 되었다. 천성이 그래서 그런지
무엇인가에 열중하는 데는 익숙했다. 아니 다른 가진 것이 없었
기에 열심히 하는 것만이 내 삶의 방식이 되어 있었다.

　돌이켜보면 그 시절에는 그것만이 내가 숨 쉬고 살 수 있는 유
일한 길이었다. 덕분에 나는 조건 없이 열심히 기도했다. 기도의
힘은 어두운 삶에서 실낱같은 희망의 불씨를 보게 해주었다. 기
도가 있었기에 삶에 대한 희망도 생겼다. 삶에 대한 희망이 생기
니 기쁨이 찾아왔다. 신은 나에게 의지처가 되어주었다. 그는 내

기쁨의 씨앗이었고, 더 이상 나는 혼자가 아니었다. 누군가 함께 한다는 생각은 세상에서 처음 경험하는 기쁨이었다. 살면서 이런 즐거움은 처음이었다.

나는 오직 주님께만 매달렸다. 기도를 통해 신과 소통했고, 기도를 통해 평화를 얻을 수 있었다. 그러던 어느 날, 놀라운 경험을 했다. 깊은 기도를 통해 온몸이 빛으로 휘감기는 것을 보았다. 황홀하고 찬란한 빛은 나의 모든 상처를 위로해주었고 평화로운 마음을 얻을 수 있도록 해주었다. 이것이 '주님의 은혜로구나'라고 생각했다. 기도와 성경공부는 멈출 수 없었다. 유일한 안식처가 되었던 주님의 힘에서 벗어나고 싶지 않았다.

하지만 마음 한구석에는 여전히 투쟁의 독특한 기운이 남아 있었다. 무엇이든 틀렸다고 생각되면 대들고 싸우는 나의 존재 본능이 서서히 드러나기 시작했다. 처음 신과의 만남에서 지름길 역할을 했던 '무조건'에 의문이 생기기 시작했다. '무조건 믿으라고? 무조건?' 시간이 흐를수록 무조건이라는 조건이 이해하기 어려웠다. 신은 나에게 둘도 없는 기쁨을 주었지만 타고난 나의 성향을 조정하지는 못했다. 혹시 내가 주님을 배신하려는 것은 아닐까? 다시 기도를 시작했다.

"주님, 저는 모든 것을 주님께 바치려고 합니다. 그런데 제 머릿

속에 맴도는 이 생각들은 무엇입니까?"

기도하고 기도했으나 답변을 듣기는 어려웠다.

"주님, 저는 왜 태어나면서부터 죄인입니까? 저는 죄를 지은 적이 없습니다. 태어난 후부터 지금까지 당하고만 살아왔는데 원죄라니요. 억울합니다."

나는 시험에 들었다고 생각했다.

'주님, 저를 시험에 들지 말게 하옵소서.'

하지만 시험에서 벗어나기는 어려웠다. 주님께서 나를 버릴까 두려웠다. 유일한 방법은 더욱 열심히 기도하고 성경공부에도 집중하는 것이었다. 하지만 성경공부는 나의 믿음보다는 의심을 자극했다. 성경 속에서 나타나는 여기저기의 모순들이 보이기 시작했다. 의심은 날로 점점 커져 갔다.

'혹시 조물주가 피조물에게 책임을 전가하려는 것은 아닐까?'

이런 생각들은 나를 몹시 당혹스럽게 만들었다. 살면서 처음 얻은 평온함이 사라질까봐 두려웠다. '아 내가 잘못했다. 주님께 용서를 빌어야지.', '아니야 그래도 따질 것은 따져야지.', '이 마음을 어쩌지?' 성경의 어느 구절도, 어느 누구도 나의 마음을 달래주지 못했다. 더 깊이 기도하기가 어려웠고 허망할 뿐이었다.

하나의 괴로움이 생긴 것이다. 세월이 흐를수록 의심은 확장되

茶毘 다비-위빠사나 수행기

기만 했다. 만약 신에게 무한한 사랑이 있다면, 어떠한 경우도 피조물을 벌해서는 안 된다는 생각이 들었다. 또한 불가피하게 벌할 일이 있는 것이라면 그런 벌할 일은 원초적으로 만들지 말았어야 한다고 생각했다.

기독교는 나에게 믿음이 무엇인지, 그리고 초월적인 경험이 무엇인지 선물해주었다. 하지만 의심을 키워준 것도 사실이다. 기독교에 대해서는 더 이상 얘기하기가 어렵다. 왜냐하면 더 깊이 들어가 보지 못했기 때문이다. 순교하신 분들이 많은 것을 보면 목숨을 내놓을 만큼 큰 무엇이 있는 모양이다. 하지만 나의 성향으로 다가가기에는 한계가 있는 것이 사실이다.

일엽 스님을 통해
다가온 불교

1959년, 고등학교를 졸업하고 사회로 나왔다. 꿈 많은 젊은 나이 였지만 꿈을 이루기에는 사회적으로 너무나 어렵고 힘든 시기였다. 젊은이들은 구하기 쉽고 저렴한 군복을 비싼 양복 대신 입었다. 물론 그대로 입으면 안 되었기 때문에, 검은색으로 염색하여 입는 것이 유행이던 시절이었다. 나 역시 검게 염색한 군복을 입고 친구와 함께 놀러간 수덕사에서 일엽 스님[2]을 뵐 수 있었다. 당시, 스님은 갑자기 찾아온 사람은 잘 만나주지 않으셨는데, 젊은 학생들이니 만나겠다고 하셨다.

스님께서는 먼저 "아무런 질문도 하지 말고 듣기만 해라"라는

2 일엽(1896~1971): 본명은 원주(元周). 일제 강점기의 여성운동가, 언론인, 승려 이며 시인 겸 수필가이다.

茶毘 다비-위빠사나 수행기

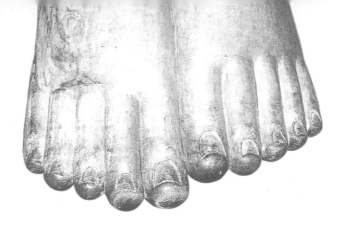

말씀으로 법문을 시작하셨다. 한 시간 가량 법문을 진행하셨는데 도대체 무슨 말씀인지 알아들을 수가 없었다. 그렇게 법문을 마치시고는 "이제 그냥 가라"고 하셨다. 한 시간 동안 무엇을 들은 것인가? 무슨 말인지 못 알아들었지만 먹먹한 머릿속에 남은 말씀 하나는 "똥도 불(佛)이다"이었다. 이렇게 불교와의 첫 만남이 시작되었다.

　그런데 곰곰이 생각할수록 이렇게 시원한 말은 처음이었다. 똥과 부처가 동급이라는데 더 이상 할 말이 뭐가 있겠는가. 더욱이 스님의 환한 얼굴, 온화한 자태, 자신감이 넘치는 기품, 인자한 언어는 머리를 절로 숙이게 했다.

　'아 사람이 저렇게 될 수도 있구나.'

나는 그런 사람을 처음 보았다. 아니 이 나이가 되도록 그런 분을 다시는 뵙지 못했다. 젊은 날을 살아가면서 그 당시는 알아듣지 못했던 법문 속 말씀들이 새록새록 살아나 내 삶에 영향을 미친 것이 사실이다. 불교는 나에게 이렇게 다가왔다.

그 시절, 불교를 공부하는 것은 쉽지 않았다. 법문을 들을 수 있는 기회도 없었고, 일반인이 접할 수 있는 불경이나 서적도 찾을 수 없었다. 가끔 절을 찾아가 봐도 내가 복이 없는 탓인지 귀한 법문을 만나기가 어려웠다. 기독교에 비해 불교의 가르침은 일반인들이 접하기에 정말 희귀할 정도로 귀했다. 일엽 스님의 모습과 법문은 나에게 있어 불교의 상징이자 전부였다. 하지만 더 깊이 알고 싶었다. 도대체 불교가 무엇이며, 부처님께서는 우리들에게 어떤 것을 말씀하시려고 했던 것인지 관심의 끈을 놓을 수 없었다.

그러던 중 군대에 가게 되었다. 그 당시 군대는 나에게 더없이 좋은 피난처였다. 고단하지만 의식주가 해결되었고, 틈틈이 책을 읽고 사색하고 마음도 살찌울 수 있는 계기가 되었기 때문이다. 특히, 실존주의는 나를 사색의 길로 빠지게 이끌어주었고, 인본

주의라는 말은 언제나 내 마음을 설레게 했다. 알베르 카뮈의 『페스트』는 다시없는 감동을 선사했다. 사르트르와 앙드레 말로부터 니체의 형이상학까지 조금은 어려웠지만, 내 어설픈 철학적 사고의 기반이 되어주었다. 무엇보다도 이 사상은 좀 반항적인 나에게 맞춰진 옷과 같았다.

군대를 제대하니 다시 현실이 찾아왔다. 잠시 잊고 있었던 생존 문제와 정면으로 마주하게 된 것이다. 험난한 세상에서 살기 위해 쓰디쓴 60년대를 죽기 살기로 싸우며 버텨야 했다. 밤을 낮 삼아 일하며 70, 80년대를 견뎌 냈다. 이제 조금 여유가 생겨 숨을 돌리려 하니 몸이 말을 안 들었다. 너무 지쳐 버린 것이다.

그럼에도 불교와의 인연은 끊이지 않았다. 아마도 '모든 것이 괴롭다'는 붓다의 가르침이 내 삶과 맞았는지도 모르겠다. 그간에 불경들도 만날 수 있었다. 「천수경」, 「법화경」, 「금강경」, 「반야경」 등. 그중에서도 「반야심경」은 나를 설레게 했다. 오온(五蘊)[3]이 공(空)하다는 반야심경의 구절은 많은 부분 공감할 수 있었다. 하

---

3 오온(五蘊): 인간을 구성하는 다섯 요소의 모음. 이들은 물질인 색온(色蘊), 감각인 수온(受蘊), 지각인 상온(想蘊), 의도적 마음작용인 행온(行蘊), 순수한 의식인 식온(識蘊)으로 구성되어 있다.

지만 그 공(空)에 이를 수 있는 방법은 찾아볼 수 없다는 점이 아쉬웠다.

"아제아제 바라아제 바라승아제 모지 사바하."[4]

그런데 어떻게 가자는 말인가? 세속에 젖어 있는 나에게 입에 붙어 있는 '관세음보살'은 그저 기복으로 흐를 수밖에 없는 허망이었다.

---

4 가자 가자 피안으로 건너가자, 모두 다 함께 건너가서 깨달음을 이루세.

붓다를 가슴에 안고
위빠사나를 시작하다

내 아내는 착실한 불자(佛子)다. 그녀의 할머니는 자식 기른 후에
출가하여 노년을 절에서 보냈으며, 그녀의 어머니(장모)도 평생을
절에서 보내다시피 했다. 나에게 처음 위빠사나 수행을 권한 것
도 아내다. 하지만 그 당시 1990년 무렵은 위빠사나 수행이 알려
지지도 않았으며, 구체적인 수행 방법이나 정보도 구하기가 쉽지
않았다. 여기저기 수소문해 봤지만 여의치 않았다. 그러던 어느
날 우연히 조계종의 법사 한 분을 만나게 되었는데, 그분으로부
터 어설프지만 남방불교에서 진행하는 위빠사나 수행법을 듣게
되었다.

그 당시는 단전호흡이 유행하던 시절이었다. 그 때문인지 위빠
사나도 단전호흡과 연관해서 설명하셨다. 위빠사나도 단전호흡

을 하되 모든 일어나는 현상들을 단전에 집어넣으면서 호흡을 관찰하라는 식이었다. 이게 맞는지 틀리는지 당시로서는 확인할 방법도 없었다.

생계를 위해 어려운 시절을 보내고 나니 몸과 마음은 지칠 대로 지쳐 있었다. 세상의 모든 것이 귀찮았다. 그런데 신기하게도 한 가지 관심이 가는 것이 있었다. 바로 위빠사나였다. 청담 스님께서 쓰신 것으로 기억되는 『인간 붓다』라는 책을 읽은 적이 있다. 신처럼 추앙되는 전지전능한 붓다가 아니라 정말로 인간적인 붓다가 실천한 수행법이라면, 신의 세계가 아닌 인간의 영역이라면, 인간인 나도 백분의 일, 천분의 일이라도 따라갈 수 있지 않을까 하는 생각이 들었다. 이것도 저것도 잘 풀리지 않는 인생, 기왕 태어났으니 위빠사나나 한 번 해서 삶의 실체를 조금이라도 알아보고나 죽자 싶었다.

수행을 시작하니 무엇보다도 몸이 말썽이었다. 가부좌를 틀고 앉아 호흡을 관찰한다는 것이 쉽지 않았다. 평생 처음 하는 가부좌는 정말 어려웠다. 힘들고 아팠다. 다리가 쑤시고 저리고, 때로는 하반신에 마비가 와서 갑자기 일어서려다가 나뒹굴기도 했다. 수없이 일어나는 통증들은 저절로 입을 악물게 했다. 그런데 힘

茶毘 다비-위빠사나 수행기

이 들면 들수록 점차 오기가 발동했다. 때로는 '그래 죽어도 좋으니 제대로 해보자'라고 격하게 다짐하기도 하고, '지금까지 어떻게 살아왔는데, 이 정도 가지고…' 하며 스스로를 위로하기도 했다. 이렇게 어설픈 위빠사나는 통증과 오기가 뒤섞인 가운데 가열차게 진행되었다.

독학으로 시작한 위빠사나 수행은 내 삶의 일부가 되었다. 아무리 바빠도 하루도 거르지 않았다. 그렇게 수행을 계속하다 보니 내 나름대로 방향이 잡혀 갔다. 시간이 흘러 단전호흡이 중요하지 않다는 사실도, 가부좌를 틀지 않아도 된다는 사실을 알게 되었다. 위빠사나란 무엇이든 경험되는 현상을 있는 그대로 바라보는 것이라는 사실을 알게 되었다. 자세도 반가부좌로 바꾸었다. 그러나 수행을 하면 할수록 제대로 된 수행법에 대한 호기심을 억누를 수 없었다. 뜻이 있으면 길이 있다고, 관심을 가지니 여기저기서 인연이 생겨 조금씩 위빠사나의 수행법을 알 수 있었다. 매일 하루에 30분씩, 오전 오후로 두 번 나누어서 좌선을 진행했다. 하지만 그때까지도 걸어서 하는 행선은 있는 줄도 몰랐다.

붓다를 가슴에 안고 위빠사나를 시작하면서 내 인생은 서서히 변하기 시작했다. 감당하지도 못하는 술을 지천으로 마시고, 알지도 못하는 남의 여자들을 부둥켜안고 춤을 추고, 목이 터져라 노래를 부르며 뭔가 부족해서 갈구하고, 채워질 수 없는 갈구는 또 다른 갈구를 부르곤 했던 삶이 달라지기 시작했다. 항상 뻥 뚫린 가슴은 무엇으로도 채울 수 없는, 그래서 지친 인생을 더욱 지치게 만드는 이러한 허무한 생활들이 차츰 사라지기 시작했다. 이렇게 살다 갈 수는 없다는 생각이 나를 일깨우기 시작한 것이다.

'나는 누구인가?'

'왜 태어나서 이렇게 살다가는 것인가?'

수행의 시작은 괴로움과 함께했다

집중력이 좋아지면서 신비한 환상들을 경험하다

거해 스님으로부터 제대로 된 수행법을 배우다

수행은 긴장과 이완의 균형을 잡는 것이다

마음은 서로 전달되지 않는다

오로지 아는 마음만 남았다

특별하다는 자만심은 또 다른 장애를 낳았다

불교수행의 핵심은 삼학의 조화로운 실천이다

비로소 통증과 정면으로 마주할 수 있게 되다

장애의 극복은 균형이라는 선물을 주었다

제 2 장

집중을 통한 긴장과 이완의 균형

수행의 시작은
괴로움과 함께했다

좌선을 시작하면 얼마 안 되어서 통증이 오고, 통증이 조금 사라지는가 싶으면 연이어 망상이 오고, 망상이 조금 사라지면 졸음에 빠져들곤 했다. 이런 장애(괴로움)는 수행을 할 때마다 반복되었다. 도대체 어쩌란 말인가. 수행을 지속하면 뭔가 발전된 모습이어야 하는데, 매번 같은 현상이 반복되는 것 같았다.

그러나 나에게는 붓다가 있었다. 붓다는 많은 고행과 시련을 거쳐 인간 승리를 이루었고 꼭 필요한 것만을 우리에게 알려주셨다. 이마저도 힘들다고 한다면 얼마나 나약하고 쓸모없는 인생이냐고 생각했다. 항상 붓다는 나의 인내와 힘의 원천이었다.

좀처럼 변할 것 같지 않은 장애들은 끊임없이 나를 괴롭혔지만 이렇게 반복하기를 한 달쯤 지나니 전과는 조금씩 달라지기 시작했다. 다리에서 일어나는 통증이나 저림을 조금씩 마주할 수 있었다. 다리에 나타나는 통증은 너무 강해서 피하려 해도 저절로 바라볼 수밖에 없었다. 이렇게 계속 관찰하니 통증이나 저림이 조금씩 변하고 사라지는 것이 보였다. 죽을 때까지 같이 갈 것 같았던 맹렬한 통증도 그리 오래가지 않았다. 꾸준히 수행한 결과 두 달쯤 지나니, 다리 통증이 조금씩 사라지고 앉아 있는 것이 편안해졌다. 앉아 있는 것이 편안해지니 호흡을 비교적 정확하게 관찰할 수 있는 기회들이 생겨났다. 집중이라는 긴장 안에서 이완을 맞이할 수 있었다. 조금씩 좌선이 편안해졌고, 여유도 생기기 시작했다.

하지만 그 여유라는 틈새에 잡념이 파고들기 시작했다. 조금만 편하면 생각은 끝없는 여행을 시작했다. 망상 덕분에 집을 몇 채나 짓는 것을 반복했고, 문득 정신을 차려 보면 허무하기 그지없었다. 조금 편안해지기도 했지만 호흡으로 인한 배의 움직임이 잘 느껴지지 않아 힘을 주기 십상이었다. 인위적으로 풀무처럼 배를 부풀리면 가슴이 답답하기도 하고, 뱃살이 당기고 아프기도 했다. 무엇보다도 힘을 주어 수행하니 금방 지쳤다.

통증이 심할 때는 몰랐는데 배만 바라보는 것이 이렇게 어려운 것인가 싶었다. 혼자 시간을 재어 보기도 했는데, 배를 지속적으로 바라볼 수 있는 시간이 5분도 채 안 되었다. 두 달 이상을 앉아 있었는데 5분도 안 된다니 자괴감이 들었다. 정말 어려웠다. 하지만 계속 배를 바라보기 위해 노력했다. 주변에 수행을 조금 했다는 사람이 배보다는 단전을 바라보라고 팁을 주어서 그 방법도 시도해 보았다. 하지만 단전까지 호흡을 밀어 내리는 것은 더 많은 훈련을 필요로 했고, 내게는 또 다른 부담으로 다가왔다.

자주 놓치더라도 호흡은 자연스럽게 쉬어지는 대로 하는 것이 가장 안정적이었다. 반복하다 보니 호흡으로 인해 움직이는 배를 바라보는 시간이 조금씩 늘어났다. 배의 다양한 움직임들이 알아차려지자 망상도 줄어들었다. 고통으로부터 벗어나는 시간도 조금씩 늘어나기 시작했다. 하지만 여전히 수행의 시작은 괴로움과 함께했다.

집중력이 좋아지면서
신비한 환상들을 경험하다

그러던 어느 날, 배의 일어남[팽창감]과 사라짐[수축감]을 좀 더 자세히 볼 수 있게 되었다. 자세히 바라보자 몸과 마음이 편안해졌다. 그리고 잠시 후, 눈앞에서 이상한 현상들이 펼쳐졌다. 내가 앉아 있는 바닥이 넓은 강으로 변했고, 나는 그 강물 위로 약 50센티미터쯤 떠서 앞으로 날아가고 있었다. 너무도 선명한 영상이었다. 무엇보다도 앞으로 나가는 비행의 빠른 속도감은 처음 느끼는 쾌감이자 즐거움이었다. 좌선이 끝날 때까지 계속 바라보고 있었다. 사실 그 순간에는 '이게 웬일이냐' 하며 마음껏 즐겼다. 그동안 고생한 것에 대한 보상 심리가 작용했던 것이다.

앉아 있는 자세에 익숙해지면서 호흡에 대한 집중이 강화되었다. 편안함과 더불어 집중의 시간이 늘어나자 다른 여러 가지 현상들도 나타나기 시작했다. 몸이 떠서 공중으로 날아올랐다. 산 정상을 향하여 마치 케이블카처럼 계속 날아오르기도 했다. 이때에 보이는 주변 경관과 경험되는 속도감은 실제로 내가 나는 것처럼 느끼기에 충분했다. 때로는 전방을 꽉 막아 답답하게 서 있던 벽이 폭발하듯 터지고, 산산이 부서져 반짝이는 별들로 보이기도 했다. 이러한 경험은 마음을 후련하고 시원하게 만들어주었다. 혹시 은산철벽을 뚫는다는 것이 이런 것인가 하는 망상을 하기도 했다. 길 위를 맨몸으로 달리며 주변경관을 바라보는 현상들이 자주 나타났고, 배경은 매번 다른 경치들로 나타났다. 이렇게 다양한 신비적인 현상들은 오랜 시간 유지되었다. 보이는 영상들은 너무도 선명해서 사실 같았다. 나는 이러한 신기한 현상들을 즐길 수밖에 없었고, 이러한 현상들이 사라질 때까지 계속 바라보았다.

때로는 좌선수행을 하지 않는 평상시에도 신비한 현상들을 경험했다. 내가 앉거나 서 있는 곳의 바닥[땅]이 천천히 빙빙 돌면서 마치 물이 흐르듯이 움직였다. 이들 현상에 마음을 두어 주시하고 있으면 계속 진행되었다. 하지만 몸을 크게 움직이거나 주의를 다른 대상으로 돌리면 서서히 사라졌다. 이러한 현상들은 위빠사나 수행을 시작한 지 일이 년 사이에 주로 나타났고, 어느 시기가 지나면서부터 더 이상 나타나지 않았다. 다시 경험하고 싶어 원해도 나타나지 않았다.

여기서 수행 중에 나타나는 환상에 대해 말하자면, 환상은 좋다고 권할 만한 현상은 아니다. 물론 좋든 싫든 자기 스스로 나타나는 현상이고, 사람마다 업(業)에 따라 모두 다른 현상으로 나타난다. 어떤 사람은 전혀 나타나지 않기도 한다. 주로 초보자에 많이 나타나며, 특별하기에 집착하고 환상에 끌려다니면 귀중한 시간만 낭비하게 되니 조심해야 할 현상이다. 수행 중에 환상이 나타나면 그 현상에 따라 걸맞은 이름을 붙이며 "보임, 보임" 하며 주시해야 한다. 분명히 주시하면 머지않아 사라지게 되고, 본래의 관찰 대상으로 돌아가서 계속 정진을 할 수 있다.

나는 환상의 신비함 속에만 묶여 있을 수가 없었다. 이토록 괴롭게 살고 있는 나는 누구이며, 어디서 와서 어디로 가는지, 나의 실체는 무엇인가에 대해 너무나 절실하게 알고 싶었다. 덕분에 수행의 발전에 걸림돌이 되는 신비함에 안주하지 않았다. 하지만 자칫 신비함에 빠져 즐기다 보면 한 걸음도 앞으로 나갈 수 없는 상황에 이르기도 한다. 내 지인 중에도 그런 친구가 있었다. 수행을 하던 중에 찬란한 빛과 영상을 보았고, 어느 스님을 찾아가 그 경험에 대해 물으니 대단한 경지라고 찬탄했다고 한다. 아쉽게도 그 친구는 그 칭찬만을 믿고, 그 자리에 묶여 더 이상 진전하지 못했다.

자칫 신비한 경험이 도리어 수행에 장애가 될 수 있다는 것이다. 짧은 경험을 오랜 시간 부둥켜안고 세월을 보내니 이 얼마나 어리석은 일인가. 신비한 현상에 빠져 있는 수행자들에게 스승이 얼마나 중요하고 필요한지를 알 수 있는 대목이다. 지금은 그 친구도 장애를 극복했을 것이라고 생각한다.

거해 스님으로부터
제대로 된 수행법을 배우다

홀로 수행을 진행하던 어느 날, 아내의 소개로 서울 화곡동에 위치한 성심사의 명우 스님(비구니)을 만났다. 명우 스님께서는 미얀마에서 수행을 하셨고, 수행 소감을 책에도 담으신 분이다. 스님은 그간의 내 수행이야기를 들으시고는 반가워하셨다. 그리고 위빠사나 수행으로 유명하신 거해 스님께서 한국에 들어오시는 대로 소개해 주겠다고 하셨다. 나로서는 위빠사나를 제대로 배울 수 있는 더없이 좋은 기회이자, 행운이었다.

참고로, 거해 스님은 우리나라에 미얀마 마하시 사야도(Mahasi Sayadaw)의 위빠사나 수행법을 처음으로 소개하고자 노력한 분이다. 굳이 표현한다면 우리나라 위빠사나 수행의 선구자라고 볼수 있다. 그 시절 한국의 많은 분들이 위빠사나 수행을 접할 수 있었던 것은 거해 스님 덕분이라고 해도 과언이 아닐 것이다. 그리고 『법구경』 등의 책을 통해 초기경전을 전하고자 노력했다.

그로부터 몇 달이 지난 뒤 거해 스님을 소개받았고, 제대로 된 수행법을 배우기 위해 전라남도 해남의 대흥사로 내려갔다. 당시 대흥사는 수행하기에 적합한 훈련소였다. 집에서 수행할 때보다 분위기도 좋고, 집중도 잘되었으며, 수행자를 위한 편의를 우선으로 제공해주었기에 마음 놓고 정진할 수 있었다. 물론 관광객이 많은 절이다 보니 천천히 걷는 행선을 하고 있으면, '뭐하는 거냐?'고 묻는 사람도 있었다. 내부적으로는 스님들의 불만도 있었다. 어떤 스님께서는 왜 우리 고유의 불교수행을 하지 않고, 외국의 불교수행을 하는지에 대해 불평을 토로하는 분도 계셨다. 한국 절에서는 당연한 불만이겠지만, 고타마 싯다르타도 육조혜능도 외국인임을 감안하면 지혜를 키우는 데 국경이 구분될 필요는 없을 것이라고 생각했다.

대흥사는 한국불교의 종통이 이어지는 큰 절이다. 대흥사는 재가불자인 나를 먹여주고, 재워주고, 수행도 가르쳐주었으며, 밤에 추우면 수행처에 군불을 지펴주기도 했다. 사실 한국불교 전통의

茶毘 다비-위빠사나 수행기

중심지에서 남방불교 전통의 수행을 진행하는 것은 쉽지 않은 일이었다. 어려운 일을 가능하게 하시고 수행자들을 끊임없이 배려해주신 도성 큰스님과 위빠사나 수행을 지도해주신 거해 스님께 감사한 마음이다.

나는 대흥사에서 그동안 궁금했던 많은 것들을 해소할 수 있었다. 도성 큰스님과 거해 스님 덕분에 위빠사나에 대해 좀 더 확실한 정보를 얻을 수 있었다. 또한 이 세상에 생각보다 훨씬 많은 수행자들이 이 방법을 따르고 있다는 사실도 알 수 있었다. 남방에는 테라와다[5]라는 불교가 있다는 것을 확실하게 알게 된 것이다.

스승의 존재는 자신감과 더불어 정진을 보다 강하게 만들어주었다. 하지만 머리로 아는 것과 경험하는 것은 많이 달랐다. 수행법을 구체적으로 아는 것과 실제로 수행하는 것은 별개였다. 수행은 참으로 어려웠다. 하지만 한 가지 분명한 것은 있었다. 스승과 도반들을 만나니 수행에 대한 믿음이 분명해졌다.

---

5 테라와다(Theravāda) : 스승의 가르침을 따르는 무리, 빠알리(Pāli)어 전통의 삼장과 주석서를 고수하는 남방불교로 흔히 상좌부 불교(上座部佛教)라고 한다. 스리랑카, 미얀마, 태국, 라오스, 캄보디아가 대표적인 테라와다 불교국가이며, 국민의 대부분이 불자이다.

수행은 긴장과 이완의
균형을 잡는 것이다

좌선수행을 시작하면 처음에는 괴로운 현상들이 잡다하게 나타났다. 이렇게 나타나는 현상들을 하나하나씩 관찰하고 관찰하여 소멸하는 것을 꾸준히 바라보았다. 이들이 어느 정도 사라지고 좀 편안해지면 안정감이 찾아왔다. 하지만 행선 시간이 되어 일어나 걷는 수행을 하고 다시 앉으면, 마치 처음부터 다시 시작하는 것처럼 괴로운 현상들이 잡다하게 나타났다. 겪어야 할 것들을 다시 겪고, 어느 정도 오른 것 같다 싶으면 다시 내려오고 반복의 연속이었다. 통증의 반복, 망상의 반복, 졸음의 반복, 지루함의 반복, 도대체 무엇이 목표인지 모르게 반복했다. 어쩌면 고통의 반복이라는 표현이 적합할지도 모르겠다. '수행은 퇴보하지 않는다'라고 들었지만, 막상 수행에서는 좀처럼 실감하기가 어려웠다. 산에 오르는 것에 비유한다면 앞 서 100미터 높이에 올랐으니 다시 시작할 때는 100미터부터 시작해야 하는데, 언제나 시작은 맨바닥부터였다. 끈질긴 고통과 투쟁의 연속이었다.

그러면서 동시에 힘을 주면 안 되고, 힘을 빼면 더 안 되고, 죽기 살기로 대들어도 안 되고, 자유롭게 풀고 있어도 안 되었다. '도대체 어쩌란 말인가'를 반복하며 대흥사의 시간은 흘러갔다. 마치 다람쥐가 쳇바퀴를 돌리듯이 매일매일 관찰하고, 바라보고, 주시하는 과정의 반복이었다. 또한 좌선을 마치고 일어나서 행선을 하고, 또 시간이 되어 좌선을 시작하고, 다시 시간이 되면 일어나서 행선을 하고, 그리고 또 다시 앉고…. 이러한 반복은 지겹고 괴로웠다.

수행이 지루해 새로운 현상을 기대하면 의지가 강해졌고, 의지가 강해지면 긴장하게 되었다. 그리고 긴장은 가슴을 답답하게 만들고, 가슴 속의 어느 지점인가에 뭉침 현상이 생겨 통증으로 되돌아오기 일쑤였다. 더욱 어려운 점은 이러한 현상의 반복을 알고 있으면서도 긴장을 놓기가 쉽지 않다는 것이다. 어쩌면 이 시기의 수행은 긴장의 연속이었는지도 모른다. 긴장이 싫어 마음 먹고 풀어주면 어느새 그냥 흩어지고 말았다. 긴장과 이완의 균형을 잡기는 정말 힘들었다. 매번 해보고 또 해보고, 반복하는 방법 말고는 왕도가 없었다.

하지만 이러한 반복은 조금씩 균형 잡힌 상태를 만들어주고 있었다. 처음에는 대상을 바라보던 마음이 마치 빨래줄 위에 올려놓은 공처럼 이리저리 떨어지더니, 계속되는 훈련 덕에 공이 줄을 타고 조금씩 굴러갈 수 있게 되었다. 주시하는 마음이 대상을 놓치지 않고 이탈하지 않는 시간이 조금씩 길어진 것이다.

마음은
서로 전달되지 않는다

마하시의 위빠사나 수행에서 행선은 좌선과 함께 병행하는 중요한 수행 방법으로 알려져 있다. 걸음이라는 움직임 안에서 나타나는 수많은 관찰 대상을 놓치지 않으려고 노력한다. 행선을 통해 고양된 집중력은 좌선 시에 엄청난 힘으로 지원하기 때문에, 행선 없는 좌선은 진전이 더딘 수행의 장벽에 부딪치게 만들 수도 있다. 행선은 붓다께서 입멸할 때까지 행한 수행법이기도 하다. 마하시 방식의 위빠사나 수행처에서는 좌선을 1시간 진행한 후 반드시 행선을 1시간씩 번갈아가며 진행하도록 되어 있다. 행선 중에도 많은 장애들이 나타나며, 걷다 보면 망상에 빠져들기 쉽다. 망상을 하고 있음을 알았을 때 그 자리에 걸음을 멈추고 '망상, 망상' 하면서 망상하는 자체를 바라보면 망상은 사라진다. 그

　　　　　　　　　　　茶毘 다비-위빠사나 수행기

다음 한 발, 한 발 행선을 다시 진행하는 것이다.

　어느 날 대흥사 경내의 한적한 곳을 홀로 거닐며 행선을 하고 있었다. 그날따라 집중이 잘되고 현상에 대한 주시가 많이 수월했다. 나는 '들어서', '앞으로', '놓음' 하면서 발의 동작 하나하나를 주시하며, 한 발 한 발을 천천히 내딛고 있었다. 그러던 중 약 3미터 전방쯤에 무엇이 가물거리기 시작했다. 자세히 보고 싶어서 발걸음을 멈추자, 나의 시선이 닿은 곳에서는 모두 열감이 나타나며 땅이 시뻘겋게 달아오르기 시작했다. 시선이 닿은 중심의 영역이 점점 확장되면서 용암이 솟아오르듯 지글지글 타오르기 시작했다. 내 눈을 통해 강력한 빛과 열이 마치 레이저빔을 쏘듯이 나갔다. 내 시선이 닿는 곳으로 열기가 쏟아지고, 바닥의 흙이고 돌이고 모두 다 타면서 녹아 버렸다. 그 강력한 빛과 열기는 지름 2미터 정도로 점점 퍼져 나갔다. 가장 중심부는 하얗게 빛났고 주변은 붉게 이글거렸다.
　나는 갑자기 일어난 엄청난 현상에 놀라 시선을 뗄 수도, 발을 움직일 수도 없었다. 그 빛깔과 열감이 너무나 사실 같아서 온몸이 굳어 버렸다. 십여 분 정도 지나자 그 불빛과 열기는 천천히 사라졌다. 이미 좌선 중에는 많은 환상들을 경험했지만 걷는 중에 눈을 뜨고 강하게 나타나는 이런 경험은 처음이었다. 개인적으로는 특별한 경험이었기에 인터뷰 시간을 활용하여 지도 스님께 보고했다. 하지만 지도 스님의 반응은 시큰둥했다.

"그래 뭐 대단한 거 본 거 같아?"

퉁명스러운 한 마디는 마치 비웃는 것같이 들렸다. 거해 스님의 표현 방식이 부드러운 편은 아니다. 게다가 겉으로 풍기는 풍채와 위용이 강건하여 가까이 접근하기 어려운 것도 사실이다. 하지만 수행 중 스님의 말씀은 평상시보다 더 예민하게 다가왔다.

'그러한 현상들도 하나의 환상에 불과하니 신경 쓰면 집착하게 된다고 설명하셔도 되는데…'

하면서 서운한 마음이 일어났다. 지금 당장 수행하기도 버겁고 힘든데 넘어야 할 산이 내 앞에 하나 더 서 있는 것 같은 느낌이었다. 지금까지 나는 수행하면서 경험되는 것은 무엇이든 보고할 것이고, 가르쳐주시는 대로 배우리라고 마음먹고 정진했었다. 하지만 그 마음이 흔들렸다. 물론 스님께서 나를 염려해서 그렇게 말씀하신 것을 알면서도 서운함을 감출 수 없었다. 나는 수행하는 것만으로도 버거웠을 때였다.

흔들린 마음은 '이제 다시는 내 경험을 보고하지 않을 것이다'라고 마음먹게 했다. 그러자 얼마 지나지 않아 몸이 항의하듯 구

茶毘 다비-위빠사나 수행기

토를 시작했다. 토하고 또 토했다. 나라는 존재는 정말 더러운 성질을 가지고 있었다. 너무 쓸쓸하고 외로웠다. 몸과 마음에서 수없이 몰려오는 현상들을 누구에게도 말할 수 없었고, 말한다 한들 이해할 것 같지도 않았다.

그때를 돌이켜보니 수행을 하면서 참으로 많이 울었다. 자꾸 눈물이 났다. 왜 우는지는 정확히 모르지만 그냥 하염없이 눈물이 줄줄 흘렀다. 아마도 이제까지 살아오면서 맺힌 응어리들이 조금씩 풀어지는 과정이었나 보다.

오로지
아는 마음만 남았다

'나 홀로도 갈 수 있다!'

외로운 수행을 이어갔다. 원래 수행은 혼자서 갈 수밖에 없는 것이 아니던가. 나는 이를 악물고 수행했다. 좌선은 이전에 비해 점진적으로 안정되었다. 다양한 장애들이 줄어들자 배의 일어남[들숨의 팽창]과 사라짐[날숨의 수축]을 기본 대상으로 유지하는 것이 수월해졌다. 균형을 찾고자 계속하여 반복하다 보면 어느 순간에 아주 편안해지는 순간이 나타난다. 이때부터는 일어나는 대상과 그것을 바라보는 마음이 아주 빠르고 명확하게 나타난다. 덕분에 다른 생각들이 끼어들 틈이 없어 정확하게 바라볼 수 있게 된다. 마치 다양한 현상들과 그 현상들을 바라보는 마음들만이 빠르고 분명하게 나타나고 사라지는 듯하다.

茶毘 다비-위빠사나 수행기

들이쉬고 내쉬는 호흡의 경우, 배가 팽창하는 현상은 하나의 과정이 아니라 여러 단계로 구분되어 있었다. 배가 수축하는 현상 역시 여러 단계로 구성되어 있었다. 즉, 한 번의 일어남은 여러 개의 일어남과 사라짐 들로 구성되어 있었고, 한 번의 사라짐도 여러 개의 사라짐과 일어남 들로 구성되어 있었다. 이들이 연속으로 나타나는 과정이 한 번의 들숨과 날숨이었다.

어느 날 배가 일어나고 사라지는 현상의 간격이 점점 짧아져서 톡톡 튀듯이 경험되었다. 들숨과 날숨이 합해져 한 번의 '톡' 튀는 현상으로 바뀐 것이다. 이렇게 톡톡 튀는 현상이 '또르륵' 하며 더 작고 빨라지더니 아주 멈춰버렸다. 일어남[들숨]과 사라짐[날숨]이 사라지니 몸도 사라지고 모든 현상들이 사라져 버렸다. 몸 전체의 감각이 소멸하고, 또르륵 사라진 호흡도 다시 일어나지 않았다. 그 시간 동안의 호흡은 완전히 정지되어 있었고, 그저 그런 상태라는 것을 '아는 마음'만 남아 있었다. 마음은 너무나 맑고 깨끗했다. 얼마간 그 상태에 있다가 호흡이 다시 나타났다. 숨을 안 쉬고도 살아 있는 내가 신기했다.

이 경험 이후에 여러 가지 변화가 왔다. 앞을 보는 눈이 뒤통수로 뚫려 있는 것처럼 보는 것은 무엇이든 뒤로 통과해 버렸다. 들리는 소리도 마치 두 귀가 서로 뚫린 것처럼 통과했다. 오근(五根)[6]을 통한 감각기관은 모두 뚫려 있는 것 같았다. 외부로부터 들어오는 모든 정보는 그냥 몸을 통과해 버렸다. 그리고 마음에는 어떠한 영향도 미치지 못했다. 이것은 앉아 있을 때, 움직일 때, 걸을 때, 먹을 때, 수행을 할 때뿐만 아니라 일상생활의 모든 패턴에 적용되었다. 대략 2~3일 동안 마음은 마치 가로막이 쳐진 것처럼 홀로 청청하였다. 삼 일째가 되면서 조금씩 풀려 감각기관은 정상으로 돌아왔다.

'도대체 이게 뭐지?'

너무나 충격적인 경험이었다. 앞 서 경험한 다양한 현상들은 견줄 바 되지 못했다. 일반적인 의식 상태로 돌아오니 고민이 생겼다.

'이 경험을 누구에게 물어보지?'

지도하시는 스님께는 보고하지도 묻지도 않기로 결심하지 않았던가. 결국 나는 처음 접하는 충격적인 경험이 어떤 상태인지

6 오근: 바깥세상을 인식하는 다섯 가지 감각 기관. 또는 그런 다섯 가지 기능. 시각을 일으키는 안근(眼根), 청각을 일으키는 이근(耳根), 후각을 일으키는 비근(鼻根), 미각을 일으키는 설근(舌根), 촉각을 일으키는 신근(身根)을 이른다.

茶毘 다비-위빠사나 수행기

끝내 여쭙지 못했다. 예나 지금이나 나의 고집은 어쩌면 가장 커다란 장애일 것이다.

한 가지 더 의문이 드는 사건이 있었다. 그 무렵 장모님께서 병원에 입원을 하셨다. 집사람과 함께 병문안을 갔는데, 장모님께서는 누우신 채로 내게 넌지시 말을 건네셨다.

"정 서방, 내가 꿈에서 보았는데 그렇게 맑고 깨끗할 수가 없었어. 덕분에 나도 기쁘고 좋았어."

순간, 나는 아무 말도 할 수 없었고, 이 상황을 어떻게 받아들여야 할지 몰랐다.

'장모님께서 어떻게 아셨지? 혹시 이분이 도인이신가?'

특별하다는 자만심은
또 다른 장애를 낳았다

나중에 집중수행을 위해 미얀마에 갔을 때 수행 도중 아무에게도 말하지 못했던 그 특별한 경험에 대해 인터뷰 시간을 빌어 물어 볼 수 있었다. 그런데 사야도(큰스님)에 따라 답변이 조금씩 달랐다. 어느 사야도께서는 어떤 경험을 하든지 그냥 바라보라고 하셨고, 어느 사야도께서는 이러한 경험은 위빠사나 수행의 과정에서 나타나는 현상과는 조금 다르다고 하셨다. 그러면서 나의 경험에 대해, 보고 듣고 하는 오근의 감각기관에서 오는 정보가 마음에 닿지 않고 통과하는 것은 인지하는 속도가 너무 빨라져서 나타나는 현상이라고 하셨다. 하지만 이분들의 답변이 마음에 썩 와 닿지는 않았다. 뭔지 모르게 다 설명되지 않은 것 같은 느낌이었다.

그런데 훗날 나의 특별한 경험이 사마타 수행의 선정[7] 상태와 비슷하다는 이야기를 들을 수 있었다. 고도의 집중 상태가 이루어졌을 때 다다르게 되는 사마타 수행의 사선정(四禪定), 즉 네 번째 선정(jhāna)의 전형적인 특징이라고 했다. 초선에서부터 이어지는 색계 사선정의 단계들과 내가 경험한 일련의 과정을 비교해 보니 가장 비슷한 상태였던 것 같다.

하지만 마하시 방식의 순수 위빠사나를 수행하다가 사선정을 경험한다는 것은 이해하기 어려웠다. 또 누군가는 위빠사나 수행의 높은 단계를 경험한 것이라고 했는데, 그렇다고 할지라도 어떻게 초보 수행자에 불과한 내가 높은 수준을 경험할 수 있는지도 의문이었다. 어떤 이는 그것이 바로 견성(見性)이라고 말하기도 했다.

하지만 이 충격적인 경험은 나를 괴롭히기 시작했다. 왜냐하면 그와 같은 특별한 경험은 나에게 자만심이라는 커다란 장애를 붙

7 선정은 깊은 집중을 통해 얻는 마음의 상태를 말한다. 빠알리(Pāli)어는 '쟈나(jhāna)', 산스크리트어는 '드야나(dhyāna)'로 '생각하다', '숙고하다', '태우다', '몰입하다' 등의 의미를 지닌 어근 'dhi'로부터 파생되었다. 특히, 다섯 가지 장애를 제거하고 집중을 통해 마음이 고요하고 원하는 대상에 머물며 흐트러짐이 없는 상태를 말한다. 붓다고사는 『위숫디막가(淸淨道論)』를 통하여 이 용어를 대상을 고요히 생각하는 것과 장애를 태워 버린다는 두 가지 의미에서 '쟈나(jhāna)'라고 부른다고 설명한다. (Visuddhimagga. p.150)

여주었기 때문이다. 내가 어느 경지에 도달했다는 자만심은 우월 감이자 장애로, 세상을 냉철하게 바라볼 수 있는 시야를 가리는 독소일 뿐이다. 수행의 발전에 도움이 되지도 않을뿐더러 나태하게 만드는 훼방꾼이다. 좀처럼 떨어져 나가지 않기에 제거하기가 어려운 가장 경계해야 할 심리 상태이다.

지금 돌이켜보면 그 소중한 경험은 내가 한 단계 발전할 수 있는 기회가 될 수도 있었다. 그러나 당시 나는 초보자였고, 누구에게 지도를 받을 시간적 여유도 없어 일생에 한 번 올까 말까 한 소중한 기회를 놓친 셈이다. 만약 이 경험이 선정이었다면, 들숨과 날숨이 톡톡 튀는 현상이라든가 호흡의 완전한 중지, 그리고 오관의 정보들이 마음에 작용하지 못했던 모든 경험들은 강력한 집중으로 인하여 발생한 일이라고 판단된다. 왜냐하면 그 과정에서 지혜와 관련된 어떠한 현상도 경험한 것이 없기 때문이다.

그 당시 마음이 고정 불변하는 실체가 아니라 계속 변하는 현상에 불과하다는 것을 알고 있었다면, 마지막 알고 있는 마음을 들여다보았을 것이고, 그 마음마저 사라졌다면 내 수행은 아주 빠른 결실을 볼 수 있었을 것이다. 강력한 선정에 관찰이 들어갔다면 더 이상 바랄 것이 없는 상태가 될 수도 있었을 것이다. 그러나 아쉽게도 나는 그 순간의 소중함을 그냥 흘려보낸 것이다.

화려한 꽃만 피우고 열매가 없으니 그림과 다를 바 없다. 지혜 없는 수행은 환상에 불과하며, 지혜가 없으면 번뇌는 소멸하지 않는다. 어떤 특별한 상태를 경험했다고 할지라도 깨달은 것은 아니다. 왜냐하면 금방 다시 괴로워지기 때문이다.

불교수행의 핵심은
삼학의 조화로운 실천이다

간혹 위빠사나 수행자 가운데 집중이 수행의 전부인 것으로 알고 있는 사람이 있다. 그러나 위빠사나 수행에 있어서 집중은 주기능이 아니다. 지혜를 위한 보완 기능에 가깝다. 따라서 집중이 전부인 것처럼 강조되어서는 안 된다. 누군가 집중만을 강조하여 지도한다면 자칫 많은 수행자들이 집중에 매몰되어 더 나아가기 어려울 수 있다.

불교수행의 핵심은 계·정·혜(戒·定·慧) 삼학(三學)의 조화로운 실천이라고 볼 수 있다. 현상이 일어날 때에 나의 행위를 지키고 있다면 계(戒, sīla)의 실천과 같다. 그리고 그 현상에 밀착하여 바라보고 있다면 정(定, samādhi)의 실천이다. 그리고 현재의 순간을 있는 그대로 보고 분명히 알았다면 혜(慧, paññā)의 실천이다.

이것은 거의 동시에 일어난다. 이렇게 세 개의 조화가 이루어지지 않으면 번뇌(kilesa)는 제거되지 않는다. 그래서 위빠사나는 삼학을 갖춘, 고귀한 여덟 겹의 길, 즉 팔정도(八正道) 수행이다.

보통 수행을 시작하면서 계를 소홀히 생각하는 경우가 있는데, 이러한 태도는 수행의 진행에서 커다란 실수를 저지르는 것과 같다. 수행은 계·정·혜라는 세 개의 발로 서야 하는데, 발 하나가 부실하면 제대로 설 수 없다. 수행을 하다 보면, 이유 없이 답답하고 진행이 더디고, 왜 힘든지 풀리지 않는 벽에 부딪치는 경우가 있다. 이때 실망과 한탄을 내려놓고 침착한 마음으로 자세히 살펴보면, 소홀하게 생각했던 계가 거친 번뇌를 걸러주지 않았기 때문에 생기는 경우가 허다하다. 그래서 수행을 하게 되면 대부분의 경우 저절로 계를 지키게 된다.

수행을 하는 사람이라면, 최소한 오계(五戒)[8]만이라도 지켜야 한다. 나는 오계 중에 두 번째인 '도둑질을 하지 말라'는 계를 스님들이 지키는 '주지 않은 것은 가지지 않는다.'로 실천하려 노력

8 ①나는 살아 있는 생명을 죽이지 않겠습니다(不殺生). ②나는 주지 않는 것을 가지지 않겠습니다(不偸盜). ③나는 잘못된 성행위를 하지 않겠습니다(不邪淫). ④나는 거짓말을 하지 않겠습니다(不妄語). ⑤나는 마음의 혼미함을 초래하는 곡주, 과일주 등의 술을 마시지 않겠습니다(不飮酒).

茶毘 다비-위빠사나 수행기

했다. 계의 엄중함을 알게 되면 길에 떨어져 있는 돈도 줍기가 어려울 것이다. 오계만 지키면 수행자가 아니라고 할지라도 인생의 변화를 경험하게 될 것이다. 계를 지키는 것은 몰아치는 비바람을 막아주는 가피와도 같다.

통증과 정면으로
마주할 수 있게 되다

대흥사에서 집으로 돌아온 후에도 수행을 지속했다. 자만심이라는 장애는 오랜 노력으로 해결할 수 있었다. 오전과 오후에 좌선과 행선을 한 시간씩 반복했다. 매일 4시간은 어느 누구도 건드릴 수 없는 나만의 시간이었다. 재가의 수행이 처음에는 쉽지 않았지만 많은 것을 내려놓자 가능해졌다. 비록 수행처보다는 환경적으로 어려웠지만, 반복을 통해 현상에 대한 주시는 점차 명확해졌다. 그리고 집 안에서도 마치 수행처에서 진행하듯이 편안함을 느낄 수 있게 되었다.

꾸준한 수행은 나의 지병을 다스리는 데도 도움이 되었다. 평소에 나는 두통에 자주 시달렸다. 수시로 나타나는 두통은 강하고 오래갔다. 한 번 시작하면 지겨울 정도로 오래갔는데, 심할 때는 열흘 혹은 보름 동안 지속되는 경우도 있었다. 약을 자주 복용할 수밖에 없었고 결국 위장병을 얻었다. 두통은 만성이 되었고 진통제를 먹어도 속만 쓰리고 효과는 거의 없었다. 두통은 또 다른 괴로움이었다. 머리가 아프니 삶 자체가 싫어지고 괴로웠다.

'이 두통에서 벗어나는 방법은 없을까?'

어느 날 나는 두통도 통증의 하나이니, 현저한 대상으로 놓고 관찰해야겠다는 생각이 들었다. 무엇보다도 싫어하던 두통을 받아들이기로 결심한 것이다.

'이제 그만 회피하고 직면해 보자!'

나는 두통, 그놈을 적극적으로 들여다보기 시작했다. 며칠씩 붙어 있던 두통을 자세히 보니, 계속 이어지는 것이 아니라 씀벅씀벅하는 파장으로 나타나고 있었다. 다가가기 싫었지만 포기하지 않고 더욱 가까이 갔다. 자세히 들여다보니 조금 특이한 것들이 보이기 시작했다. 두통은 하나가 아니라 여러 개의 가닥들이 솟아오르고, 다시 그 가닥 하나하나가 춤추듯이 흔들어대고 있었다. 조금씩 조금씩 더 자세히 볼 수 있도록 다가갔다. 그들 중에 한 가닥을 잡고 면밀하게 들여다보니, 그것도 작은 솟음의 모임으로 구성되어 있었다. 좀 더 다가가서 바라보니 두통이라고 부를 만한 통증은 없었다. 통증이라고 부를 만한 놈이 없으니 두려움도 근심도 나타나지 않았다.

이 작은 솟음의 가닥 하나를 붙잡고 끊임없이 바라보니 그놈이 스르륵 사라졌다. 그리고 다시 다른 솟음의 가닥을 바라보니 또 사라졌다. 다시 다음 가닥을 보니 사라지고, 이렇게 몇몇 개의 가닥들이 사라지니, 그 많던 가닥들이 순식간에 모두 사라져 버렸다. 그 지긋지긋하던 두통이 사라진 것이다. 참으로 신기하게도 이 경험 이후에 지금까지도 두통은 나타나지 않는다. 만성적인 두통의 소멸은 나에게 또 다른 자신감을 심어주었다. 이러한 경험은 내가 꾸준하게 정진하는 수행자가 될 수 있도록 힘을 불어넣어주었다.

수행은 멈출 수 없는 나의 삶이 되었다. 집에서는 물론이고, 잠시 딴 곳에 놀러가거나, 여행을 하는 중에도 어떻게든 시간과 장소를 만들어서 수행을 멈추지 않았다. 남들이 뭐라고 하든 말든 나는 정진을 이어갔다. 아니 그렇게 할 수밖에 없었다.

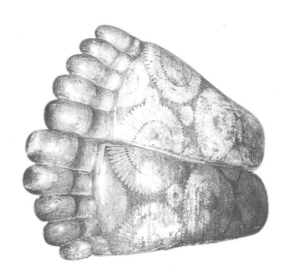

장애의 극복은
균형이라는 선물을 주었다

수행은 주로 집에서 했지만 가끔 집중수행에 참여하기도 했다. 새벽부터 밤까지 이어지는 집중수행은 일상의 생활을 모두 내려 놓고 오로지 수행에만 전념할 수 있어 발전이란 측면에서 매우 효과적이다. 집중수행은 해남 대흥사에서 부산 태종사로 옮겨져 도성 큰스님의 배려와 거해 스님의 지도로 이루어졌다. 도성 큰 스님의 대흥사 주지 임기가 끝나자 개인 사찰인 부산 태종사로 집중수행처를 옮긴 것 같다. 장소와 환경이 바뀐 것은 별 문제가 되지 않았다.

부산 태종사에서 집중수행을 하던 어느 날, 나는 '깜빡' 하는 현상을 경험했다. 적절하게 표현하기가 어려운데, 좌선하다 보면 어느 순간에 마치 졸음에 빠지듯이 의식을 놓치고 깜빡하는 것이다. 분명히 존 것은 아닌데, 졸음이 오는 과정도 없이 찰나에 깜빡하고 주시와 알아차림을 놓치는 것이다. 참으로 별의 별 경험을 다 하는구나 하는 생각이 들었다.

일반적으로 졸음에 빠질 때는 졸음에 시달리다가 '깜빡' 한다. 다시 말해, 졸음은 시간적으로 여유를 가지고 나서 깜빡하는데, 이것은 매우 불규칙적이고 예측할 수 없었다. 순간적으로 지나가면서 '깜빡' 하면 집중이 깨졌다. 이 깜빡이를 잡는 방법은 이놈이 올 때까지 기다렸다가, 순간적으로 나타나는 찰나에 관찰을 해야만 하는 것이다. 쉬운 일이 아니었다. 무작정 기다리다가 깜빡하는 순간에 관찰하고, 또 기다리다 그 순간에 관찰하기를 반복했다. 너무나 순간적이었기 때문에 관찰도 제대로 못하고 지나가버리기 십상이었다. 게다가 이놈을 잡지 못하면, 집중이 깨져 수행이 진전될 수 없다는 사실을 알고 있었다. 하는 수 없이 기다렸다가 순간에 관찰하고, 또 기다렸다가 순간에 관찰하고를 반복할 수밖에 없었다. 정말 힘들었다. 하루 종일 깜빡이를 잡고자 노력해야 했고, 다음 날도 그 다음 날도 계속 반복해야 했다.

왕도는 없었다. 놓치지 않고 관찰을 반복하자 다행히도 깜빡이는 순간이 조금씩 길어지기 시작했다. 그 깜빡하는 순간의 시작

을 보게 된 것이다. 계속하여 간격이 벌어지자 찰나의 순간도 길어졌다. 그 시작은 약간 졸린 것과 같이 천천히 안개처럼 밀려왔다. 하지만 '까암-빠악' 하는 순간에 변해 가는 과정을 면밀하게 바라볼 수 있었다. 그러자 신기하게도 이 현상은 사라졌다. 찰나의 순간을 그렇게 길게 벌려서 관찰하는 과정은 힘들었다.

또 하나의 장애를 극복했을 때 다시 수행할 수 있다는 안도감은 나를 미소 짓게 했다. 장애의 극복은 나에게 균형이라는 선물을 주었다. 여러 장애를 극복하며 수행을 진행하니, 긴장이나 이완의 어느 한쪽으로 쉽사리 쏠리지 않았다. 긴장과 이완의 균형으로 집중이 안정적으로 유지되었다. 하지만 장애는 샘솟는 물줄기처럼 멈추지 않았다.

하루는 편안하게 앉아 배의 일어남과 사라짐을 관찰하는데, 무엇인지 모를 팔뚝만한 굵기의 덩어리가 갈비뼈와 피부 사이에서 스멀거렸다. 이 덩어리는 활동의 영역을 점차 확장해 나갔다. 가슴 위에서 아래로 이동하여 아랫배까지 그리고 다시 양 옆구리로 천천히 돌아다니기 시작했다. 감각적으로 분명히 굵고 길쭉한 덩어리가 돌아다니고 있었다. 그 감각이 너무나 선명하여 눈을 뜨고 직접 확인해 보고 싶은 생각도 들었지만, 진짜로 피부 밑에 팔뚝만한 것이 불쑥 튀어나온 모습을 본다면 얼마나 놀랄까 하는 두려움에 차마 눈을 뜨고 볼 수가 없었다.

하지만 이 역시 하나의 생멸현상이니 면밀히 관찰하자는 마음이 일어났다. 돌아다니는 이 감각을 계속 관찰하니 그 활동의 영역을 차츰차츰 줄이더니 사라졌다. 이 현상의 소멸을 관찰한 후에 마음속에서 '아, 이것이 업(業)이구나!' 하는 마음이 절로 일어났다. 언어적으로 표현하기는 어렵지만 그렇게 생각할 이유가 분명히 있었다.

수행은 계속 순조로웠다. 하지만 태종사에서 수행하는 동안, 마치 모자를 쓴 것처럼 머리에 띠를 두른 듯 약간의 압박감이 지속적으로 따라다녔다. 마치 안개가 깔려 있듯이 지속적으로 압박감이 나타났지만, 다른 현저한 대상들에 집중을 하느라 커다란 장애가 되지는 않았다.

전남 대흥사와 마찬가지로 태종사에서도 항의하는 스님들이 계셨다. 불교를 논리적으로 이야기하면서 나에게 언쟁을 유도했지만, 나는 불교를 잘 모르기 때문에 대답할 수 없었다. 사실 나는 불교를 이론적으로 잘 알아야 할 필요도 없었다. 삶이 괴로우니 괴로움에서 벗어나고 싶었고, 수행이 괴로움을 벗어나는 길이라

茶毘 다비-위빠사나 수행기

고 생각했다. 수행을 하다 보니 이 길에 대한 확신이 분명해져서 계속 진행하고 있을 뿐이다. 이제까지 살면서 남에게 의지하여 옳고 그름을 판단하며 사는 것이 얼마나 위험한지 경험했다. 나는 스스로를 어느 틀에도 얽매이지 않는 자유인이라고 생각한다. 부처님 말씀처럼 내 자신을 귀의처로 생각하고 수행에 매진할 뿐이다.

수행은 본인이
직접 경험하고 확인하는 작업이다

그 무렵, 젊은 여자 한 분이 자신의 스승님께서 수행하라고 보내셨다면서 수행은 어떻게 하느냐고 내게 물었다. 그분은 구체적인 수행 방법에 대해 알고 싶었겠지만, 방법론에 앞서 수행에 임하는 마음가짐에 대해 먼저 말을 꺼냈다.

"앞서 스승님으로부터 무엇을 배우셨는지 모르겠지만, 이전의 모든 경험과 가르침은 다 지우셔야 합니다. 만일 그 방법이 편향된 가르침이라면 스승이 몰락할 때 함께 몰락합니다. 이제부터는 마치 장님이 징검다리를 건너듯이 한 발 내딛고 틀림없나 확인하고, 또 한 발 내딛고 확인하고, 누구의 말도 믿지 말고 본인이 직접 확인하고, 법으로 측량하면서 진행해야 합니다. 이렇게 본인이 직접 경험하고 확인하는 작업이 수행입니다."

茶毘 다비-위빠사나 수행기

어느새 내가 나의 입장을 이야기하고 있구나 하는 생각이 들었다.

이런저런 일로 힘들어하는 사람들을 보면 위빠사나 수행을 권하고 싶어진다. 내가 직접 경험하고 좋다는 확신이 있기 때문에 조심스럽지만 같이 나누고 싶어진다. 그러나 수행의 어려움을 견뎌내는 사람은 매우 드물다. 친구들을 겨우 설득하여 수행처로 데려가 보지만, 중간에 포기하고 도망가기 십상이다. 실패의 원인을 생각해 보니 워밍업이 없는 사람들을 집중수행으로 몰아넣었기 때문이다. 나름대로 집에서 연습이 필요한데 그것도 잘 하지 않으려 한다. 수행이란 것이 자기가 꼭 필요해서 마음에 굳히지 않으면 실행하기 어렵다.

작은아버님은 고혈압이 있으셨다. 혈압이 높으셔서 혈압이 오를 때는 움직이지도 못하고 가만히 앉아 안정을 취해야 하는 분이다. 안정을 취하는 데 수행이 도움이 되리라 생각하여 위빠사나를 권해드렸다. 작은아버님은 내 말을 듣고는 기꺼이 위빠사나 수행을 시작하셨다. 그런데 위빠사나를 시작하고 약 두 달이 지난 시점에 전화를 걸어서는 고통을 호소하셨다. 내가 알려드린

대로 위빠사나를 했더니 어지러워서 힘들다는 것이었다.

　나는 이런 현상들이 다른 사람들에게도 나타나는지, 나타나면 왜 나타나는지 여기저기 알아보았다. 그 결과 혈압이 높은 사람이 혈압이 떨어지면 어지러움을 느낀다는 것이다. 작은아버님께 그 사실을 말씀드렸더니, 그렇다면 좋아진다는 뜻이니 조금 더 지켜보시겠다고 하셨다. 그 이후 수행 중 나타나는 어지러움의 정도가 훨씬 줄어들었다고 하셨다. 작은아버님께서는 이제 살맛이 난다고 하시면서 수행을 더욱 열심히 하셨다. 그리고 얼마 안 되어 별들이 가득한 밤하늘로 몸이 떠올라 마음대로 방향을 바꾸며 날아다니는 즐거운 환상을 경험했다고 좋아하셨다.

남들은 다 알고
나만 모르는 장애와 마주하다

태종사에서 다시 집중수행을 할 수 있는 기회가 생겼다. 나는 모처럼 수행에 재미를 붙이신 작은아버님과 함께 수행을 하러 갔다. 방 하나를 둘이 차지하고 수행을 순조롭게 진행해 나가던 중, 잘 자고 아침에 일어나니 작은아버님께서는 나를 심각하게 쳐다보시며 어디 아픈 곳은 없는지 물으셨다. 무언가 감이 이상했다. 혹시 무슨 일이 있었냐고 여쭈니 내가 밤중에 자면서 소리를 질렀다는 것이다. 그렇게 괴성을 지르고도 모르느냐고 물으셨다. 나는 당혹스러웠다. 전혀 모르는 사실이며 기억도 할 수 없었다. 다른 방에서 수행을 했던 아가씨는 그런 처참한 비명소리는 생전 처음 들었다고 말해주었다. 내가 한두 번도 아니고, 거의 매일 밤 어마어마한 소리로 비명을 지른다는 것이었다. 기가 막힐 노릇이

茶毘 다비-위빠사나 수행기

었다.

'내가 왜 소리를 지를까?, 언제부터 그랬을까?'

심각하게 고민이 되었다. 곰곰이 생각해 보니 소리 지르기 며칠 전, 절의 사정으로 방을 옮겼다. 그런데 옮긴 방의 이불에서 지린내가 심하게 났다. 주변 사람들로부터 오줌 싸던 스님께서 쓰시던 이불이라는 소리를 들었다. 당시 이불 빨래를 할 만한 사정도 못 되었고, 그냥 좋게 생각하니 구수한 것 같기도 해서 잤는데 그날부터 소리를 지른 것 같다. 아마도 우연의 일치겠지 하는 마음이었다. 이유야 어찌되었든 나는 이 상황을 쉽게 넘길 수 없었다. 수행하는 사람이 자기도 모르게 단말마(斷末魔)의 소리를 지른다니…. 내가 지금까지 무슨 수행을 했단 말인가. 주변인들이 모두 아는 극명한 현상을 정작 내가 놓치고 있었다는 사실에 어처구니가 없었다. 내 안에서 일어나는 미세한 현상들까지도 순간에 알고 관찰하는 내가, 고요한 밤중에 절규하듯 소리를 지르고도 모른다는 것은 있을 수 없는 일이었다.

나는 이놈을 잡아야겠다고 결심했다. 어떤 방법이 좋을지 고민했다. 우선 선택한 방법은 자는 동안에 일어난 일이니 잠을 자지 않는 것이었다. 밤이 되어 잘 시간이 되어도 '지금부터 나는 관찰을 멈추지 않을 것이다. 그리고 혹시 잠들더라도 놓치지 않고 관

찰할 것이다.'라고 마음먹었다. 혹시 잠에 빠지더라도, 자면서도 깨어 있도록 하는 것이다.

쉽지 않았다. 처음에는 자는 것인지 깨어 있는 것인지 불분명했다. 하지만 이 방법도 반복하다 보니 길이 보이기 시작했다. 나는 자면서도 나에게 일어나는 현상들을 조금씩 알아차릴 수 있게 되었다. 다행히 이런 식으로 선잠을 잔 것이 낮의 수행이나 생활에 영향을 주지 않았다.

하루는 자면서 관찰을 하는데, 무언가 휙 지나가는 것을 본 것 같았다. 확실하지 않았기에 매일 밤을 꾸준히 지켜봐야 했다. 며칠 후 굉장히 굵고 검은 꼬리 같은 것이 빠르게 휙 지나가는 것을 보았다. 전체를 확실하게 다 보지는 못했다. 며칠간 기다리고 노력한 것에 비하면 보잘 것 없는 성과였다. 하지만 이 경험을 한 다음부터는 자면서 소리를 지르지는 않는단다. 그놈을 분명하게 관찰하지 못한 것이 아쉽지만 매일 나타나는 것이 아니기에 마냥 기다릴 수도 없었다. 자면서 수행하는 것은 그만 접기로 했다.

그런데 문제는 그 이후로도 자면서 종종 소리를 지른다는 것이다. 일 년에 몇 번씩은 자다가 소리를 지른다. 물론 전처럼 나도 모르게 괴성을 지르지는 않는다.

茶毘 다비-위빠사나 수행기

'도대체 왜 소리를 지르는 것일까?'

그럴 때마다 그 이유가 궁금했다. 어떤 때 소리를 질렀는지 살펴보면 뭔가 실마리를 찾을 수 있을 것도 같았다. 기억을 더듬어 소리 지른 날의 몸 컨디션을 파악해 보니 몇 가지 공통되는 조건이 있었다. 수면 중에 체온이 내려가 몸이 차갑게 식었을 때, 가위에 눌린 듯 몸을 자유롭게 움직일 수 없을 때, 그리고 죽음의 두려움이 몰려올 때였다. 어떤 경우든 소리를 지르기 전에는 알아차리지 못하다 소리를 지른 직후 소리 질렀다는 사실을 알아차렸다. 아직까지도 소리를 지르는 이유에 대해서는 정확한 이유를 알아내지 못했다. 아마도 이 장애는 죽을 때까지 가지고 가려나 보다.

현상들의 소멸을
바라보게 되다

어느 날, 집에서 수행을 하던 중에 현상들의 소멸을 바라보게 되었다. 어떤 현상이 나타나든지 관찰하면 사라지기 시작했다. 마치 발생은 없고 소멸만 있는 것 같았다. 내가 내 안에서 무엇을 바라보든지 그것들은 사라졌다. 모든 현상들의 사라짐만이 선명하게 나타났다. 마치 비가 내리듯이 우수수 떨어지며 사라짐들만 보게 되었다. 새로운 경험이었다. 그러나 후에 시간이 지나서, 이러한 경험들이 위빠사나 수행의 과정에서 나타나는 일반적인 현상이라는 것을 알게 되었다.

위빠사나 수행은 지혜를 성취하는 16가지의 점진적인 단계를 가지고 있다.[9] 상좌부 전통에서 이들 단계의 경험적인 내용을 공개적으로 이야기하는 것은 조심스럽게 다루어졌다. 16가지 과정 중에 다섯 번째 단계인 '소멸의 지혜(Bhaṅgānupassanā Ñāṇa, 소멸을 따라 관찰하는 지혜)'는 본격적인 위빠사나 수행이 진행되는 단계라고 표현이 되기도 한다. 즉, 수행자는 다양한 변화들을 경험한 후에, 현상의 변화와 소멸을 여실하게 볼 수 있는 지혜를 얻게 된다. 이 단계까지 오기 위해 노력한 것에 비하면 나머지 과정은 크게 어렵지 않다고 표현할 정도로, 위빠사나 수행의 진행 과정에서 커다란 전환점이 될 수 있다. 일반적으로 수행자가 호흡이나 통증 등의 현상이 발생하는 것을 주로 관찰해 왔다면, 이 과정 이후부터는 현상들이 소멸하는 것을 주로 관찰하게 된다. 앞서 표현했던 것처럼 마치 비가 내리듯이 우수수 사라짐을 경험하게 되는 것이다. 위빠사나 수행에서 소멸(nirodha, 滅)의 경험은 불교수행의 궁극적인 목표인 열반(nibbāna, 涅槃)의 체험과도 연결된다.

---

9 상좌부불교의 수행서인 「위숫디막가(Visuddhimagga, 淸淨道論)」는 초기경전에서 설명하는 칠청정(七淸淨)의 과정을 열반을 성취하는 과정으로 세분화한다. 특히, 칠청정 중에 세 번째 청정부터 일곱 번째 청정까지를 혜청정(慧淸淨)이라 정의하고, 지혜를 계발하는 위빠사나 수행의 17가지 발전 과정으로 설명한다. 그리고 마하시 사야도는 이들을 16가지로 정의하고 있다.

대부분의 수행자는 자신의 수행이 어느 정도 위치에 왔는지 궁금하고 알고 싶어 한다. 하지만 이러한 의문은 수행의 발전에 크게 도움이 되지는 않는다. 1994년 미얀마에서, 우 떼자우다(U Tejavuda) 스님으로부터 위빠사나 수행의 발전 과정이 자세하게 설명되어 있는 수행 지침서를 선물 받았다. 나는 이 책이 지도자 없이 홀로 수행하는 나에게 도움이 될 것이라 생각했다. 하지만 결과적으로 도움이 되는 경우는 거의 없었다. 오히려 수행의 진행 중에 생각이 먼저 가거나 기대감을 키우기 십상이었다. 때로는 지침서에 소개된 현상과 같은 것들이 경험되는 듯 앞서갔고, 현실이 아닌 망상만 늘어나 오히려 수행에 방해가 되기도 했다.

어떤 유명한 스님께서 자신이 수행을 하면 오르가즘을 느낀다는 기사를 보았다. 스님께서는 자신의 경험을 긍정적으로 묘사하고 계셨지만, 나는 속으로 앞으로 가실 길이 많이 남아 있겠다는 생각을 했다. 만약 그 스님께서 나와 같은 길을 가시는 것이라면, 나는 그 자리에서 얼마나 더 가셔야 하는지를 알고 있었다. 그 경험이 처음에는 희열처럼 느껴지지만 오히려 족쇄가 될 수 있음을 수행한 사람들은 알 수 있다. 수행 중에 경험하는 쾌감은 감각적 욕망의 쾌감과 다르다. 평온한 상태에서 나타나는 쾌감이기에

茶毘 다비-위빠사나 수행기

부드럽고 오랫동안 지속된다. 따라서 부담이 없고 사라지는 것도 천천히 사라진다. 물론 사람마다 삶의 방식, 업(業)에 따라 나타나는 현상도 다르겠지만, 인간이 집중을 통해 얻어가는 기본 틀은 많이 닮아 있다.

수행자는 그저 현재 나타나고 사라지는 현상들을 바라보는 것만으로도 바쁘다. 현상이 일어나면 그쪽으로 주의를 기울이고, 주의를 기울인 곳에 머물러 대상을 자세히 관찰하면 현상이 있는 그대로 보인다. 그러고는 머지않아 사라진다. 다양한 현상들에 반복적으로 적용되는 이 과정은 나에게 쌓인 탐진치(貪瞋癡)로 인하여 형성된 생로병사를 벗어나는 작업이다. 다시 말해, 윤회하게 만드는 번뇌들을 하나씩하나씩 내려놓는 작업이다. 이 과정 안에서는 단맛에 비해 쓴맛이 훨씬 자주 경험된다.

위빠사나 수행 중에 나타나는 번뇌는 우리가 일반적으로 이야기하는 오염된 번뇌와 다르다. 오히려 수행의 과정에서 나타나는 긍정적인 경험들이 집착의 대상이 되기에 번뇌로 발전하는 것들이 있다. 바르고 열심히 정진한 수행자들에게는 광명, 희열 등의 기존에 없었던 특별한 현상들이 나타난다.[10] 특별한 경험을 하는

10 칠청정의 다섯 번째 청정에 해당하는 '도와 비도의 지견청정(道非道智見淸

수행자들은 '드디어 나에게도 이 순간이 왔구나', 혹은 '드디어 깨달음이 왔구나' 하는 마음이 일어나 더 이상 수행을 발전시키지 못하고 그 자리를 즐기게 된다. 따라서 이러한 경험들을 '위빠사나 번뇌'라고 부른다. 이러한 번뇌를 내려놓고 이 과정을 넘어서면서 수행자는 진정한 소멸의 과정으로 접어든다.

淨, maggāmagga ñāṇadassana visuddhi)'에서는 두 가지 위빠사나 지혜가 발현된다. 두 가지 중에 '일어남과 사라짐을 따라 관찰하는 지혜(生滅隨觀知, udayabaya nupassana ñāṇa)'에서는 열심히 정진한 위빠사나 수행자들에게 십관수염(十觀隨染, vipassanā-upakkilesāni)이라고 부르는 위빠사나 번뇌가 일어난다. 이들은 10가지로 다음과 같다. ①광명(光明, obhāsa), ②지혜(知, ñāṇa), ③희열(喜, pīti), ④경안(輕安, passaddhi), ⑤즐거움(樂, sukha), ⑥결심(勝解, adhimokkha), ⑦노력(努力, paggaho), ⑧확립(現起, upaṭṭhāna), ⑨평온(捨, upekkhā), ⑩욕구(欲求, nikanti). Visuddhimagga. p.633

내 수행의 원천지,
미얀마의 품에 안기다

1994년 7월, 난생 처음 미얀마에 발을 내디뎠다. 한국을 벗어나 상좌부 불교문화를 만난 것은 미얀마 양곤이 처음이었다. 처음 보는 상좌부 전통의 탑들과 불상들, 어딜 가든지 황금대탑과 황금불상을 만날 수 있었다. 규모와 크기도 상상 이상이었다. 세상에 둘도 없을 불교국가였다. 미지의 세계, 불교의 나라 미얀마, 얼마나 기대가 컸는지 모른다. 붉은 가사의 스님들, 크고 넓은 사원, 신기한 양식의 건축물과 탑들, 내 수행의 원천지…. 마음은 들뜨고 설레었다. 상좌부불교라고 해도 국가에 따라 중요시하는 부분이 조금씩 다르다고 한다. 미얀마의 경우는 특히 수행을 중요하게 생각하고 있어 수행처도 많고, 수행 시설의 규모도 크고 잘되어 있는 편이었다. 전 세계 곳곳에서 수많은 수행자들이 찾아오

고, 그들을 아무 조건 없이 반갑게 맞아주는 미얀마 수행센터의
저력에 그저 놀라울 뿐이었다.

내 나이 쉰일곱. 결코 이른 나이는 아니었지만 마하시 위빠사
나의 본거지에서 진지하게 수행해 보고 싶었다. 내가 간 마하시
위빠사나 명상센터는 미얀마를 대표하는 명상센터로, 외국인 수
행자들을 위한 별도의 공간을 마련해 놓았다. 명상센터의 배려로
현지인들과는 섞이지 않았고 외국인 남성들만을 위한 공간에서
수행을 진행할 수 있었다. 물론 여성 수행자들만을 위한 공간도
따로 마련되어 있었다. 남성 수행자와 여성 수행자들은 엄격하게
분리시키기 때문에 숙소뿐만 아니라 수행 홀도 떨어진 공간에 위
치해 있었다.

당시 외국인 남자용 수행 홀은 이십여 평 남짓한 공간으로 꾸
며져 있었다. 중앙의 정면에 불상이 있고, 사람이 다니면 걸음소
리가 쿵쿵 나는 마루방으로 되어 있었다. 문은 모기장으로 발라
져 있지만 사람이 드나들기 때문에 모기를 막아주지는 못했다.
마룻바닥 위에는 열대식물로 만들어진 돗자리가 깔려 있고, 그
위에 방석들이 놓여 있었다. 천장에는 소리가 나는 커다란 선풍
기가 여러 개 달려 있었다. 외국인이 머물던 수행 홀 주위의 큰스

님들께서 계신 건물에는 에어컨도 설치되어 있었다. 가끔 외벽에서 돌아가는 에어컨의 실외기 소리가 크게 들리기도 했다.

처음 방문한 미얀마의 기후는 한국과 많이 달랐다. 지독하게 더운 여름, 우기(雨期)의 비는 생각보다 많이 내렸다. 게다가 습도가 높아 마른 옷을 입을 수가 없었다. 모두가 썩어가는 것 같았다. 실제로도 수건을 빨아 널면 마르는 것이 아니라 습기에 젖은 상태로 썩어 버렸다. 사방에서는 열대지방 특유의 냄새가 진동하는 듯했다. 매미 소리는 왜 그리 큰지…. 모든 것이 새로웠다. 무엇보다도 공양을 위해 수백 명의 스님들이 일렬로 늘어서 천천히 걸어가는 모습은 장관을 이루었다. 붉은색 가사를 입고 발우를 들고 공양처로 향하는 스님들의 모습은 아직도 눈에 선하다.

염려했던 것과 다르게 음식은 그런대로 괜찮았다. 인도 성지순례에서 힘들었던 향신료의 냄새도 생각보다 괜찮았고 닭고기는 내 입맛에 맞았다. 수행자들이 지키는 '오후 불식'[11]도 한국에서 수차례 경험해 보았기 때문에 처음에는 힘들었지만 며칠 안 가 적응이 되었다. 게다가 같은 건물에 계신 거해 스님께서 간혹 스

11 오후 불식: 남방 상좌부불교의 수행자들은 12시 이후에는 음식을 먹지 않는 계를 수지한다.

님의 방에 보시로 들어온 열대과일들을 주셔서 과일도 종종 맛볼 수 있었다. 덕분에 먹는 문제로 고생하지는 않았다.

위빠사나 수행의 본거지에서
집중수행을 하다

미얀마에서의 수행은 우리나라에서의 수행과는 전혀 다른 양상을 띠었다. 우선 수행 환경이 달랐다. 미얀마의 수행처에는 모기가 정말 많았다. 한국인 냄새가 다른지 더 달려드는 것 같았다. 낮이고 밤이고 모기는 끊임없이 달라붙었다.

'모기를 피하는 방법은 없을까?, 어떤 대책이 없을까?'

많은 고민을 했지만 고심 끝에 내린 결론은 간단했다. '그냥 내주자'였다. 상체는 모기님의 제단에 제물로 바쳐졌다. 요즘은 좌선할 때에 천장이나 기둥에 매다는 개인 모기장을 만들어 사용하지만, 그 당시 수행 홀에는 모기장이 구비되어 있지 않았다. 잠을 자는 숙소에만 침대용 모기장이 있었다.

외국인의 시선에서 느끼는 수행처의 환경은 열악했다. 환경이 바뀌니 수행의 대상도 달라졌다. 바로 내 몸에 붙어 있는 모기가 가장 현저한 관찰 대상이 되었다. 모기가 내 몸에 가볍게 앉아 침을 꽂고, 피를 빨고, 날아갈 때까지의 전체 과정을 관찰하는 것이었다. 여러 마리가 동시에 앉아 있을 때는 그중에 한 마리만 골라 관찰했다. 모기가 피부 위에 살짝 앉을 때의 가벼운 느낌, 침을 피부에 꽂아 점점 찌르는 미세한 느낌, 그리고 모기의 발들이 피부로부터 떨어질 때 '뚝' 떨어지는 것같이 느껴지는 모든 감각들, 모기가 떠난 후에 가려움이 시작되고 확대되고 점점 퍼지다가 천천히 사라지는 느낌까지 전 과정을 면밀하게 관찰했다. 다행히 이 과정을 무사히 마치면 모기에게 물린 자리가 심하게 가렵거나 부풀어 오르는 등의 부작용은 없었다.

간혹 달려들던 모기가 없을 때도 있었다. 평소와 다른 상황에 눈을 뜨고 주변을 둘러보면 작은 도마뱀 몇 마리가 주변을 배회하기도 했다. 이 친구들이 모기를 잡아먹는 것이다. 이런저런 모기와의 전쟁도 일주일쯤 지나니 더 이상 심각한 장애가 아니었다. 현지 음식 덕에 나의 냄새가 현지화되었는지 달려들던 모기도 줄어들었고, 달려들어 피를 빨아도 처음처럼 크게 신경 쓰이지 않았다.

마하시 위빠사나 명상센터에서 나의 수행은 보다 성장했다. 장애가 활동하지 않는 경우, 수행은 안정을 찾았다. 좌선을 위해 앉으면 머지않아 몸의 모든 감각들이 사라졌다. 몸의 감각이 느껴지지 않으니 앉아 있는 동안 고요함이 유지되었다. 나에게 남아 있는 육체적인 감각은 오직 배의 팽창감[일어남]과 수축감[사라짐]뿐이었다.

수행 홀 외부, 자주 행선하던 곳에는 열매가 제법 매달려 있는 야자나무가 있었다. 수행 중에는 야자나무가 거기 있는 줄도 몰랐다. 수행을 마무리하고 나서야 야자나무가 있다는 것을 알고 사진을 찍었다. 늘 거기에 있었을 야자나무를 처음 본다는 것이 신기했다. 수행처를 떠나 밖으로 나왔을 때도 어찌된 일인지 몸과 마음은 여전히 수행처 안에 있는 듯했다. 모든 것을 걸고 오직 수행에만 전념하다가 수행처를 벗어나니 긴장이 풀려서인지 몸이 공중에 떠 있는 것 같았다. 그뿐만이 아니었다. 힘없이 손이 덜덜 떨리는 게 온몸의 힘을 다 소진한 것 같았다. 이런 상태는 며칠 동안 계속되었다. 수행처 밖의 현실 세계가 오히려 비현실적으로 느껴졌다. 수행처 밖으로 나왔는데도 몸과 마음은 계속 수행처 안에서 정진할 때 같았다. 이러한 상태는 미얀마를 여행하는 동안에도 당분간 지속되었다.

스승은 방향을
잡아주는 길잡이이자 울타리이다

당시 마하시 명상센터에서는 매주 두 번(수·토요일)의 수행인터뷰를 실시했다. 나는 수행 중 어떤 느낌이든, 어떤 상태이든 순간순간 경험한 내용들을 하나도 빼놓지 않고 인터뷰 시간에 지도법사 스님(사야도)께 보고했고, 거기에 대한 지도를 받았다. 처음에는 내 몸에서 호흡을 제외하고 아무런 감각도 느낄 수 없다고 보고하자 이상하게 생각했다. 나의 보고를 신뢰하지 않는 것 같았다. 인터뷰 때마다 수시로 사야도가 바뀌는가 하면 통역도 바뀌기 일쑤였다. 한 가지 물어보려면 수행 과정을 전부 설명해야 되고, 이중통역 과정에서 엉뚱한 대답을 듣기도 했다. 제대로 통역이 된 경우도 돌아오는 대답은 대게 원론적인 답변이 대부분이었다.

　　　　　　　　　　　　　　茶毘 다비-위빠사나 수행기

이미 답을 알고 있으면서도 스승에게 묻는 경우가 자주 있다. 처음에는 답답한 마음에 질문을 하지만, 답을 듣고 나면 이미 알고 있었던 사실이다. 인터뷰를 통해 언어적으로는 물어보지만, 결국 내가 체험을 통해 해결해야 한다는 결론을 내리는 경우가 많았다. 그럼에도 불구하고 인터뷰 시간은 나에게는 매우 소중한 시간이었다. 수년간 위빠사나 수행을 진행하면서 가졌던 많은 의문들을 물어볼 수 있었고, 내가 미처 놓쳤던 부분들을 일깨워주었다. 무엇보다도 내가 모르는 길을, 나보다 앞서 간 사람이 안내해준다는 것에 위안이 되었다.

수행을 하다 보면 스승이 얼마나 중요한 존재인지 알게 된다. 어떤 스승을 만나느냐에 따라 수행의 진전이나 방향이 달라질 수도 있기 때문이다. 하지만 스승은 수행자가 바른 방향으로 갈 수 있도록 균형을 잡아주는 길잡이 역할을 할 뿐, 수행자들의 모든 문제를 꼭꼭 짚어 해결해주는 해결사는 아니다. 나 이외에 어느 누구도 내 문제를 해결할 수 있는 사람은 없다. 스승은 결국 울타리일 뿐이다. 이러한 상황을 잘 알면서도 나 역시 스승에게 문제 해결을 기대했던 것도 사실이다.

장애는 수행을 하다 보면 끊임없이 나타난다. 하나의 장애가 사라지면 또 다른 장애가 나타난다. 또한 장애의 내용도 사람마다 천차만별이다. 나의 경우는 어지러움이란 장애에서 좀처럼 벗어날 수가 없었다. 미얀마에서도 어지럼증이 끊임없이 나를 괴롭혔다. 수행 인터뷰 시간에 어지러움을 호소했지만 '그저 지켜보라고만 할 뿐' 특별한 방법을 알려주진 않았다. 내가 스스로 해결할 수 없는 것은 누구도 대신해 줄 수 없다는 사실을 잘 알면서도 나는 선행자를 통해 손쉬운 방법을 찾으려 했던 것이다. 어지럼증은 지금까지도 해결하지 못한 내 일생의 장애이자 숙제이다.

'나의 이런 만성적인 어지럼증은 어디서 생겼을까?'

과거 우리나라에 마이크로컴퓨터가 없던 시절, 나는 사진식자기를 만들겠다고 혼자 덤벼들었다. 전문지식도 없으면서 전자펄스를 계산했다. 컴퓨터 설계부터 자판까지 고민을 지속하다가 너무 벅차고 힘들어서 한계에 도달했다. 결국은 쓰러지면서 포기하게 되었다. 이때 어지럼증으로 몇 달 동안 고생했는데 아마도 그 후유증인 것 같다. 그런데 이놈의 어지럼증을 관찰 대상으로 삼기가 쉽지 않다. 이 어지럼증이 어디서 왔는지, 어디로 갈는지, 좋은 건지 나쁜 건지, 판단이나 분석하지 않고 그냥 객관적으로 바라보는 것이 쉽지 않다. 이놈을 대상으로 놓고 물고 늘어지기가 쉽지 않다는 것이다.

마하시 위빠사나 명상센터에서는 일주일에 한 번 일요 법문시간이 있다. 이 시간을 통해 지도자들은 수행자에게 자신감과 수행의 중요성을 고양시킨다. 하루는 어느 큰스님께서 법문을 하셨다. 그는 무상(無常)의 중요성을 우리에게 전하고 싶으셨던 것 같다. 법문의 내용을 간략하면, 비오는 날 어느 사람이 지붕 위에서 빗방울이 떨어져 바닥에 놓여 있는 댓돌을 오랜 세월 파내는 것을 보고 깨달음을 얻었다는 것이었다. 나는 법문을 이해할 수 없었다. '무상(無常)을 말씀하시는 것 같은데, 외부 대상을 보고 무상을 체험할 수 있는 것인가?' 나의 의문은 곧 질문으로 표출되었다.

"스님, 몸과 마음, 즉 내 안에서 일어난 현상도 아니고, 외부에서 일어난 현상을 보고 깨달았다면 소설책 보고 깨달았다는 말과 뭐가 다릅니까?"

나의 질문에 스님께서는 다음과 같이 답변을 하셨다.

"외부에서 내부로 옮겨 수행하여 깨달았다."

나는 그 답변을 듣고 미얀마의 모든 스님들이 진지한 수행자는 아니라는 판단을 하게 되었다. 얼핏 보기에는 외국 수행자들을 대상으로 여러 스님들이 돌아가며 지도연습을 하는 것 같기도 했다.

수행 중 스승의 역할이 중요함에도 불구하고 좋은 스승을 만나기는 참으로 어렵다. 다행히 나는 마하시 위빠사나 명상센터에서 좋은 스승을 만날 수 있었다. 우 와사와(U vasava) 사야도는 예리하고 냉철하며 부드럽고 인자한 스님이셨다. 행선을 하다가 우연히 만나면, 걸을 때 머리가 너무 숙여져 있다고 직접 손으로 고개를 들어 바른 자세로 고쳐주시기도 했다. 이분의 자상하고 인자한 가르침은 그 이후로도 미얀마를 다시 찾아 수행하고 싶도록 만들어주었다.

양곤은 다양한 수행센터가
모여 있는 수행의 보고이다

내가 머물던 마하시 위빠사나 수행센터에는 여러 국가의 사람들이 한 공간에서 수행하다 보니 그 모습들도 다양했다. 그 가운데 가장 인상적인 분이 계셨다. 말레이시아 스님으로 기억하는데, 그는 앞으로 고개를 수그려 이마를 바닥에서 5센티미터 정도만 떨어트리고 조는 아주 특별한 기술을 가지고 계셨다. 더욱 특이한 것은 그 상태로 머리를 시계추처럼 좌우로 흔들었다. 머리가 바닥에 닿지 않고 왔다 갔다 하는데, 매 좌선시간 반복하는 것이 정말 신기했다. 간혹 건드려 깨워주면 고맙다고 인사를 하지만, 머지않아 다시 그 자세가 되었다. 워낙 독특한 자세라 수행자들 사이에서 그의 존재가 회자되기도 했다. 시간이 흘러 그 스님의 소식을 들었는데 다른 수행처에서도 계속 그 자세로 존다는 것이었

다. 그렇게 졸면서도 끊임없이 정진하겠다는 일념, 그의 끈질긴 노력은 존경스러웠다. 아마도 그 노력으로 졸음이라는 장애를 극복했으리라 믿는다.

내가 머무는 동안, 마하시 위빠사나 수행센터에서는 지도스님이나 사무실의 허락을 받으면 외출할 수 있었다. 나는 시간이 허락하는 경우 외출을 신청해 센터 밖으로 나갔다. 외식도 하고, 이국적인 양곤 시내를 돌아다니며 구경도 할 수 있었다. 이때 같이 다녔던 사람이 미스터 김이다. 그는 지금은 실상사에 계신 해강스님인데, 영어를 잘하여 같이 다니면서 도움을 받았다.

양곤 시내를 거닐다 보면 수도 배관이 노출되어 있는 것을 쉽게 볼 수 있었다. 열대지방이라 배관을 땅속에 묻을 필요가 없는 것이다. 비가 많이 오는 관계로 배수 시설이 잘 되어 있었고, 도시 한가운데 가정집 하수구에서 물고기가 노는 모습을 보고는 놀라지 않을 수 없었다.

그 당시 미얀마 양곤 시내에는 마하시 위빠사나 센터 외에도 다양한 수행센터들이 있었다. 마하시 정도는 아니지만 현지인들에게 유명한 순룬 위빠사나 명상센터도 두 군데에 있었다. 한 번은 순룬센터 한 곳에 들려 지도법사 스님께 질문할 수 있는 기회가 생겼다. 혹시나 하는 마음에 순룬센터의 스님(사야도)께 그간의 내 수행 과정을 말씀드리자, 스님께서는 순룬의 수행법도 좋지만 지금은 현재 진행하는 마하시 방법을 그대로 유지하라고 말씀해주셨다. 덕분에 나는 다른 수행법에 대한 호기심과 나의 수행 방법에 대한 걱정을 줄일 수 있었다.

미얀마의 위빠사나 수행법에는 여러 가지가 있는 것으로 알고 있다. 이런 저런 방법들을 다 섭렵한 다음 자신에게 맞는 방법을 찾는 것도 나쁘지는 않겠지만, 방법이 바뀔 때마다 적지 않은 혼란을 겪게 되고 하나도 제대로 못하게 될 가능성이 높다. 한 가지 방법이라도 진지한 경험을 하려면 수년씩 걸리는데, 여기저기 기웃거리며 이놈 저놈 만져 볼 만한 여유가 없다. 짧은 시간으로 나에게 맞는 방법인지를 판단해 보고 이거다 싶으면 죽기 살기로 물고 늘어지는 수밖에 없다. 같은 위빠사나의 방식 안에서 아주 심하게 어긋나는 수행법이 아니라면 시작에 있어 차이가 있을 뿐, 어느 정도 발전하면 비슷한 지혜를 경험하게 된다고 생각한다.

미얀마 불교의
민낯을 만나다

마하시 위빠사나 명상센터는 나에게 소중한 친구를 소개해주었
다. 어느 날 한참 좌선을 하고 있는데, 누가 내 어깨를 '툭' 치는
것이다. 일반적으로 수행 중에 있는 사람을 건드리는 것은 무례
한 일이다. 왜냐하면 그 순간이 수행자 개인에게는 매우 중요한
순간일 수 있기 때문이다. 삼매 속에서 주시와 대상인 현상이 일
치가 되어 깊은 지혜가 이루어지고 있는 순간일 수도 있다. 그럼
에도 불구하고 누군가 수행 중인 나를 건드린다는 것에 중요한
일이겠거니 생각하고 눈을 떴다. 앉은 채로 위를 올려다보니 처
음 보는 풍채 좋은 미얀마 스님이 서 있었다. 처음 보는 스님인데
왜 쳤는지 모르겠으나 눈은 이미 마주쳤고, 나에게 말을 거는데
뭐라고 하는지는 잘 모르겠고, 잠시 얼굴만 서로 쳐다보고 있었

다. 그분은 외국 수행자들의 편의를 돌보아주고, 상담시간에 주로 통역을 하는 스님이었는데 그때까지는 잘 몰랐다.

그는 인도계 미얀마 인으로 미얀마와의 많은 인연을 맺어준 우 떼자우다(U Tejavudha) 스님이다. 내가 처음으로 사귄 외국 사람이자, 훗날 나의 둘도 없는 현지 친구가 된 스님이다. 그는 어떤 행위를 함에 있어 조금은 무례하다 싶을 정도로 거침이 없었다. 수행보다는 아비담마(Abhidhamma, 論藏) 교리에 능하고, 인도계의 경제관념을 보듯이 돈과 관련된 일은 마치 소금 덩어리처럼 짰다. 그는 자린고비가 연상될 정도로 검소했다. 또한 "노 프라블럼(No Problems)!"을 늘 입에 달고 다녔다. 하지만 그가 이런 말을 하면, 오히려 불안감이 증폭됐다. 무엇보다도 음성과 틀이 잘생겨서 지방에 가면 언제나 큰스님 행세를 했다. 그는 나에게 외국인을 위한 제한된 수행 공간이 아니라 미얀마의 살아 있는 불교를 보여주었다. 간단하게 말해 그 덕분에 죽어라 수행만 하던 수행처를 떠나 불교국가 미얀마의 구석구석을 돌아볼 수 있는 기회를 얻었다.

미얀마 여행은 우 떼자우다 스님을 필두로 도관 스님, 미스터 김[현재 해강 스님], 그리고 나, 이렇게 네 명이 조촐하게 시작하

茶毘 다비-위빠사나 수행기

였다. 양곤을 벗어나자 우 떼자우다 스님의 진가가 발휘되었다. 그는 타고난 해결사로 그가 나서면 안 되는 일이 없었다. 그는 내가 영어 단어 몇 개만 늘어놓아도 다 알아듣는 듯했다. 보디랭귀지를 조금만 섞으면 의사소통에는 거의 문제가 없었다. 눈치가 얼마나 빠른지 눈빛만 봐도 벌써 다 아는 것 같았다. 그와 함께 미얀마 전역을 한 달간 여행했다. 그는 환전부터 시작하여 모든 경비를 관리했고, 불교 성지에서는 마음을 다해 상세히 안내해주었다. 한 가지 재미있는 사실은 그가 돈과 관련해서는 절대 양보하지 않는다는 것이다. 특히, 호텔을 다니며 여기는 얼마짜리 호텔이다, 저기는 얼마짜리다 구경만 시켜주고 정작 잠은 무료 숙박소나 절에서 자게 했다. 돌이켜보면 스님 덕분에 저렴하고 즐겁게 많은 곳을 여행할 수 있었다.

달리는 차 안에서 창밖을 내다보면 초록빛 야자나무 숲 사이로 우뚝 솟아오르는 하얀 불탑들을 볼 수 있었다. 아름다운 불탑과 사원들, 그리고 이곳들이 모두 수행자들의 자리라는 생각에 미얀마를 가슴 속에 뿌듯하게 담을 수 있었다. 우리 여행에 기후나 날씨는 문제가 되지 못했다. 홍수로 길이 끊기면 배로 가고, 도로가 없으면 내려서 걸었다. 우리가 가는 곳은 모두 길이 되었다.

우리 일행은 미얀마 구석구석을 돌아봤는데, 특히 훈훈한 열대 내음이 가득한 사원들을 많이 들렀다. 가는 곳마다 친절한 스님들께서 환한 미소로 우리를 반갑게 맞아주었다. 생경한 문화와 모습들은 나에게 별천지로 다가왔다. 간혹 길을 가다 보면 길거리 가운데에서 북을 치고 징을 울리며 모금하는 모습을 볼 수 있었다. 마을 사람들은 수시로 길에 나와 탑을 지으니 보시 공덕을 쌓으라는 신호를 보냈다. 이러한 모습은 미얀마 전역에서 쉽게 눈에 띄었다. 이들의 불심은 정말로 대단했다.

여행 중에도 나의 관심은 위빠사나 수행을 벗어나지 않았다. 사원에 들르면 그곳 스님들께서는 어떤 방법으로 수행하는지 물었다. 그런데 놀랍게도 위빠사나 수행을 하는 수행자를 찾기가 어려웠다. 어쩌다 만난 스님 한 분은 자신이 양곤의 마하시 수행센터에서 한 달간 수행을 했다면서 대단한 긍지를 가지고 계셨다. 그리고 대부분의 스님들은 수행 자체를 하지 않거나 간혹 사마타 수행을 한다고 답하는 경우도 있었다. 아마 미얀마의 위빠사나 수행 풍토도 양곤을 중심으로 활성화된 것 같다.

재가수행자로 사는 최소한의 방식은 오계를 지키는 것이다

관념은 내려놓고 존재의 실상을 바라보게 되다

관념에서 벗어나야 무상(無常)과

고(苦)라는 실제가 보인다

출가의 꿈을 미얀마에서 이루다

미리 마셔 버린 축배는 고통이었다

수행처를 벗어나 미얀마 현지 스님처럼 생활하다

세 명의 비구가 쉰 살 된 자동차로 여행을 떠나다

생멸 현상 속에서 무아(無我)를 보다

원인과 결과로 이루어진 생멸의 현상들이 정지되었다

열반은 조건으로 연결된 작용의 중지이다

제3장

모든 속박으로부터 자유로워지기를

재가수행자로서 사는
최소한의 방식은 오계를 지키는 것이다

국내에 돌아와서도 수행은 계속되었다. 아내의 도움으로 오전 2 시간, 오후 2시간씩 하루 4시간 수행을 지속할 수 있었다. 하지만 말이 4시간이지 진지하게 접근하니 마치 종일 수행하는 것처럼 느껴졌다. 나머지 시간은 일반 사람들이 사는 대로 살았다. 나는 수행자이니 이렇게 살아야 한다, 저렇게 살아야 한다는 제한들을 가능한 내려놓고자 했다. 출가자도 아닌 내가 세간에서 수행을 하는 것은 쉽지 않았다. 수행하는 것만으로도 벅차고 힘든데 수행자로서의 온전한 삶을 고집하는 것은 형편상 맞지도 않고, 그 자체가 나에게 큰 의미는 없다고 생각했다.

속세의 삶은 방해 요소가 너무 많았다. 재가수행자로 이런저런 제한들을 내려놓고 일반의 삶을 산다고는 했지만, 사람들을 만나면 동질감보다는 이질감이 튀어나왔다. 때로는 어떻게 행동해야 할지 몰라 당황하는 경우도 종종 생겼다. 내가 수행을 한다고 해서 배려하는 사람은 거의 없었다. 오히려 나의 행동들이 그들에게 자연스럽지 않았고, 즉시 반응을 보이지 못했기에 조금 이상하게 생각하는 경우도 있었다. 왜냐하면 나는 세상에 대한 관심이 이중으로 갈라져 있었기 때문이다. 다른 사람들이 하는 것을 나는 하지 않았고, 내가 하는 것을 다른 사람들은 하지 않았다.

게다가 재가수행자로 살면서 최소한 오계(五戒)를 지켜야 한다는 생각은 떠나지 않았다. 우리 집에 살충제나 모기향 등 살아 있는 것을 해치기 위해 만들어진 도구는 없다. 모기나 바퀴벌레 등의 벌레가 나타나면 컵으로 잡아서 놓아주고, 누군가 놓은 덫에 쥐가 잡혀도 서둘러 놓아주었다. 무엇보다도 살아 있는 것은 절대로 먹지 않는다. 나는 채식주의자는 아니지만, 죽는 장면을 보았거나 들었거나, 나를 위하여 죽였거나, 나를 위해 죽였다고 의심이 되는 고기는 먹지 않는다. 붓다의 말씀처럼 잔인하게 죽이는 장면을 보거나 듣거나, 나를 위해 잡거나, 의심이 되는 고기를 먹는다면 나는 그 생명을 빼앗는 데 일조한 셈이 된다. 이는 수행하는 내 마음에 심대한 영향을 미치리라 생각했다. 물론 친구나

지인들로부터 많은 항의를 받기도 했다.

"어떻게 되었든 살아 있는 것을 잡은 것은 마찬가지 아니냐?"

"고기를 사서 먹으니 소비가 생기고, 생산을 하려니 죽이는 것이다."

글쎄 내가 산 것을 안 먹겠다는데, 왜 그렇게들 적극적으로 항의하는지 모르겠다. 아마도 그들은 살생의 장면에 내가 동참하길 바라는가 보다. 그렇다고 해서 매번 항의를 받을 때마다 내가 이런 수행을 하고 있고, 계학(戒學)이 바탕이 되어야 하고, 그래서 살아 있는 것을 먹지 않는다고 설명하기도 어려운 일이었다.

수행을 하면서 술과 담배는 모두 끊었다. 나에게 정신을 혼미하게 하는 물질들은 용납할 수 없었다. 술은 1991년, 인도성지순례에 동행하는 분들이 간단하게 한잔 한다면서 술을 마시고 얼굴색이 변하고 말이 어눌해지면서 이야기 내용들이 바뀌어가는 과정을 보고 끊어야겠다고 결심했다. '나도 술을 먹으면 저렇게 되는구나' 하고 생각하니 충격으로 와서 닿았다. 바로 그 자리에서부터 술은 입에도 대지 않았다. 그러나 담배는 술처럼 단칼에 끊어지지 않았다. 오랜 습관 때문인지 좀처럼 담배의 유혹에서 벗어나기가 쉽지 않았다.

담배와 관련해서는 창피한 에피소드도 있다. 한 번은 식구들

茶毘 다비-위빠사나 수행기

을 모두 데리고 집중수행을 위해 대흥사에 내려갔다. 그런데 어느 날 한 스님께서 내 이름을 부르시며 "경내 길에서 담배를 피웠지요?" 하면서 다른 사람들 앞에서 질책하셨다. 그때 함께 수행하러 갔던 내 식구들이 그 광경을 보고 충격을 받았는지 나를 제외한 네 식구가 사람들 앞에서 공개적으로 질책한 스님에 대한 항의의 표시로 절에서 밥을 안 먹고 절 밖에 나가서 며칠 동안 밥을 사먹었다. 도성 스님이 식구들을 달래고 위로하던 생각이 난다.

계속 피우던 담배를 끊게 된 것은 그 후 부산 태종사의 집중 수행 때이다. 하루는 아침 담배를 쭉 빨아 흡입했는데 어찔하면서 정신 상태 전체가 흐트러졌다. 나는 손에 쥐고 있던 담배를 구겨서 쓰레기통에 던져 버리며 끊어야겠다고 결심했다. 오래 피웠기에 끊기가 어려웠지만, 피우고 싶다는 욕망이 일어날 때마다 그 욕구를 알아차리고자 노력했다. 덕분에 생각보다 쉽게 끊을 수 있었다.

과거에 친구들과 몰려다니면서 술을 마시고 맛있는 음식을 찾아다니던 일들은 멀리하게 되었다. 그 결과, 아쉽지만 친구들과 거리감이 생기게 되었다. 이처럼 재가수행자로 사는 것은 쉽지 않다. 불선한 업을 멀리하려면 남들로부터 비난도 받고 본의 아니게 따돌림도 받게 된다. 그들은 업(kamma, 業)에 대하여 모르며 이해하려고도 하지 않는다.

불교에서 업이란 의도적인 행위를 말한다. 의도적인 행위들에는 선한 업도 있고 불선한 업도 있다. 불선한 업들은 오염을 조건으로 형성된다. 지금까지 이 생에서 저지른 업(業)만으로도 엄청난 괴로움을 겪으며 살아야 하는 나인데, 앞으로 살면서 수없이 많은 업들을 쌓는다는 사실이 버겁다. 물론 인과응보를 관장하는 자도 없고, 업의 실체도 없으며, 죄를 지은 고정된 자아도, 죄를 받는 고정된 자아도 없다. 하지만 수행을 통해 나타나는 현상들은 내가 쌓은 의도적 행위의 결과라는 것 외에 다른 답을 찾기 어렵다. 인과응보를 계산하기는 어렵겠지만, 앙굴리마라[12]는 아라한이 되어서도 돌에 맞아 죽었다고 하지 않는가. 내가 재가수행자로서 사는 최소한의 방식은 오계를 지키는 것이다.

---

12 앙굴리마라(Aṅgulimāla): 생명을 해치지 않는다는 뜻의 아힝사(不害, ahiṃsaka)라는 이름으로 태어났으나, 수행 중 도반들의 시기와 질투로 스승에게 오해를 받아 사람들의 오른손 손가락 1000개를 모아오라는 과제를 받게 된다. 그는 희대의 살인마가 되어 죽인 자들의 손가락을 모아 목걸이를 만들었기 때문에 앙굴리마라라는 이름을 얻었다. 마지막 천 번째로 자신의 어머니를 죽이려하자 부처님께서 교화를 시켜 후에 아라한이 된다.

관념은 내려놓고
존재의 실상을 바라보게 되다

수행을 통해 번뇌를 덜어내는 작업은 계속되었다. 수없이 많은 고통과 기쁨, 괴로움과 즐거움, 짜릿함과 전율 등이 나타났다 사라졌다. 시간이 흘러 주시하는 힘이 강해지자 알아차림은 저절로 진행되는 듯했다. 불편함보다는 편안함이 늘어났다. 나는 보다 수월하게 더 많은 현상들을 면밀히 바라볼 수 있게 되었다.

바라본다는 것은 관념을 내려놓고 존재의 실상을 안다는 의미이다. 그렇다면 관념과 실제(존재의 실상)는 어떻게 구분하는가? 나의 몸과 마음 안에서 지금 이 순간 일어나는 현상은 실제이다. 이렇다 저렇다 이름 붙일 필요가 없는 것이 실제이다. 예를 들어 앞서 미얀마의 법문 시간에 논의한 것처럼, 떨어지는 빗물에 댓돌이 파이는 것을 보고 깨달음을 얻었다고 하는데, 눈으로 본 외적 대상인 패인 댓돌과 떨어지는 물이 부딪치는 장면에서 존재의 실상인 생멸을 직접 경험할 수는 없다. 수행에서 '바라본다'는 의미는 '직접 경험하여 안다'는 의미와 같다. 우리가 말하는 위빠사나 역시 '빠사나'라는 '봄'의 의미를 포함하고 있다. 여기서 바라본다는 의미는 시각적인 작용을 말하는 것이 아니라 '면밀히 안다'는 의미를 뜻한다. 눈에는 빗물이 많은 세월 동안 떨어지면서 댓돌을 오목하게 파냈다는 스토리를 만드는 능력이 없다. 나머지는 생각으로 만들어낸 관념일 뿐이다.

수행자는 존재의 실상을 의도적으로 만드는 것이 아니라, 객관적으로 바라보면서 알아지는 것일 뿐이다. 내적으로 보게 되는 존재의 실상은 인연에 따라서 거기에 그대로 있다. 수행자는 그것을 바라볼 뿐이다. 생각을 하고 있는 상태 자체는 실제이지만 그 생각의 내용은 실제가 아니다. 관념적인 생각 속에서 존재의 속성인 생멸현상을 알아차렸다는 것은 이해하기 어렵다. 귀가 소리를 들었을 때도, 귀에는 '이것은 피아노 소리다' '이것은 새 소리다'라고 구분하는 능력이 없다. 귀는 소리와 고막의 접촉(觸)을 만들어 들림을 통해 소리의 변화 과정만을 감지한다. 냄새, 맛, 촉감도 유사하다.

수행자는 관념을 이어가는 이야기를 만들지 말고, 그저 객관적

으로 바라만 보는 자세가 필요하다. 물론 어려운 것이 사실이다. 지금까지 습관적으로 만들던 이야기의 생산 과정을 멈추라는 것은 쉬운 일이 아니다. 하지만 자동적이며 동시에 편견으로 변형되기 쉬운 관념을 만드는 작업이 지금까지 우리에게 커다란 괴로움을 주고 있다는 사실을 잊어서는 안 된다.

수행의 과정에서 실제라는 현상을 보는 데는 마음보다 몸이 수월하다. 몸과 마음 외부에 집중을 위해 만든 대상이나 마음으로 만들어놓은 표상에서는 있는 그대로의 실상은 보이지 않는다. 표상은 정적이지만 몸과 마음에서 일어나고 있는 실상은 계속 변화하며 동적이다. 몸의 내부에서 경험되는 현상은 모두 변화하고 있는 생멸현상이다. 생멸현상이 아닌 것은 하나도 없다. 따라서 수행의 시작에서 몸의 느낌(감각)을 대상으로 삼는다면 실제에 머무는 것이 쉬워진다.

생멸현상은 마치 파장의 연속처럼 이루어져 있다. 생멸현상에서 영원이나 영속을 논하는 것은 불가능하다. 고정불변의 영속적인 실체가 있다면 경험되어야 하는데 그런 것은 경험되지 않는다. 심지어 붓다도 이 고정된 실체(atman)를 찾는 데 실패했다. 그럼에도 불구하고 인간은 영원한 실체를 찾아 끊임없이 허우적

거린다. 아쉽게도 찾고자 하는 욕망은 더 큰 괴로움으로 유보(留保)할 뿐이다. 계속 변해가는 생멸현상이 존재의 원리이기 때문이다.

잠깐만이라도 가만히 나의 몸과 마음이 어떻게 돌아가는지 살펴보면, 계속 끊임없이 움직이고 변하는 것을 알 수 있다. 인간은 이처럼 변화의 과정에 놓여 있다.

왜 이렇게 불안하고 초조하고 후회스럽고 괴로운지, 그리고 이 몸은 왜 끊임없이 불편하고 아픈지…. 이 모든 괴로움들을 털어 버릴 방법은 없을까? 그 해결 방법으로 위빠사나 수행이 제시된다.

관념에서 벗어나야
무상(無常)과 고(苦)라는 실제가 보인다

몸과 마음에서 일어나는 현상들을 좀 더 자세히 들여다보자. 수행자는 통증, 가려움, 졸림, 저림, 단단함, 물컹거림, 움직임 등의 현상들이 나타날 때마다 자세히 주시한다. 그리고 변하고 소멸할 때까지 객관적으로 바라보기만 한다. 이들을 자세히 들여다보면 계속되는 현상이 아니라 파장처럼 변하고 소멸하는 현상이라는 사실을 알게 된다. 얼핏 보면 마치 여러 개가 동시다발로 여기저기서 솟는 것 같다. 하지만 솟아나는 하나의 현상은 더 작은 솟아남이란 현상들로 구성되어 있다. 이들의 연속이 우리가 경험하는 일어나는 현상이다. 사라지는 현상의 경우도 마찬가지이다. 생(生)은 더 작은 생멸현상의 연속이고, 멸(滅)도 더 작은 생멸현상의 연속인 것이다. 이렇게 계속해서 바라보면 이 현상의 생멸이

茶毘 다비-위빠사나 수행기

더욱 분명하게 보인다. 이때 멸이 보이는 것을 일컬어 '보면 사라진다'라고 표현하는 것이다.

그러면 먼저 일어난 현상과 다음에 일어난 현상은 같은 것일까, 다른 것일까? 이들은 서로 다른 것이다. 다르지만 다음에 일어난 현상은 앞 서 일어난 현상의 정보를 담고 있기에 마치 같은 현상의 반복인 것처럼 경험하게 된다. 하지만 자세히 보면 이들도 계속 변해 가고 있다. 정말 신기한 사실이다. 몸과 마음에서 일어나는 모든 현상들은 생멸현상의 연속이며 속속들이 파고들어 관찰할수록 생멸하는 현상들에서 벗어나지 않는다는 것을 알 수 있다. 결국 어디에도 영원하고 지속되는 고정된 실체는 없다는 것을 실감하게 된다. 내 몸과 마음 안에 영원불변의 것이 없다는 것을 경험하면, 이 세상의 모든 현상들이 그러한 속성을 지녔다고 파악할 수 있다.

이렇게 알기 위해서는 덮개처럼 가리고 있는 관념을 벗어버리고 실제를 대상으로 보아야 한다. 마음에서 나타나는 현상으로 실제를 경험하기는 몸에 비해 상대적으로 어렵다. 왜냐하면 몸에 비해 마음은 어느새 습관적인 관념의 스토리로 빠져들지 모르기 때문이다. 관념은 지나간 과거의 경험이나 교육 등을 기반으로 만들어진 지각(想) 작용이며, 과거나 미래에 대한 불안한 편견들로 포장된 부정확한 정보들이다. 관념은 실제가 아니다. 따라서 관념이 지키고 있는 마음 안에서 실제를 통해 현상의 생멸을 보기는 어렵다. 몸과 마음의 어느 한 구석에도 순간적으로 영속하는 실체는 존재하지 않으며 계속 변해 가는 과정만이 있을 뿐이다. 이러한 변화는 안정적이지 못한 것으로 경험된다. 변한다는 속성 안에서 나는 늘 불안하다.

일반적으로 범부(凡夫)는 자신이 아직 여리고 흔들리기에 어딘가에 의지하고 싶어진다. 하지만 자신 외에는 믿고 의지할 곳은 없다. 몸과 마음속의 무엇을 찾아 믿고 의지할 것인가. 생멸현상의 필연적인 과정 속에 꼭 죽어야 한다는 조건을 가지고 태어난 나는 행복할 수 있을까? 행복하다 할지라도 결국 변한다는 무상(無常)함의 속성을 벗어나지 못한다.

왜 이렇게 아프고 괴로울까? 왜 이처럼 후회하고 불안할까? 왜 이토록 안정되지 못할까? 이들로부터 벗어나는 길은 없을까?

이 모든 불만의 원인은 내가 태어났기 때문이다. 태어나면서 바로 본능적인 행위를 하는 아기들을 보면 힘이 넘친다. 비언어적인 행위를 통해 나타나는 그들의 에너지는 욕망에서 비롯된다.

茶毘 다비-위빠사나 수행기

천사같이 해맑은 어린 아기는 욕망의 덩어리인 셈이다. 부모로부터 거의 같은 유전자 정보를 가지고 태어난 형제 간에도 전혀 다른 삶의 형태가 진행된다. 이러한 모습을 보면 아마도 앞 선 정보를 내포하고 있으면서 이 생을 통해 또 다른 생멸현상을 시작하는 것으로 보인다.

삶이 만족스럽지 못하다는 것은 분명하다. 붓다는 이것을 괴로움(dukkha, 苦, 불만족)이라고 불렀다. 어느 곳에 괴로움으로부터 벗어난 영원한 행복이 있다고 할지라도 믿기가 어렵다. 왜냐하면 우리는 즐거움과 괴로움이 상대적이라는 사실을 오랜 시간 경험해 왔기 때문이다. 행복과 불행은 서로의 교차에서 오는 상대적 느낌이기 때문에 이들은 동전의 양면처럼 함께한다. 만약 불행이 없는 행복이 있다고 할지라도 머지않아 지겨울 것이다. 아니 지겨울 것도 없다. 왜냐하면 이들은 실재하지 못하기 때문이다. 사람들은 생로병사를 떠돌면서 자기가 생로병사 중에 있는지도 모른다. 결국 죽음으로 결론 지어지는 과정이 행복인 줄 착각하고 살아간다. 이러한 괴로움의 반복으로부터 해방될 수 있는 길이 있음에도 실천하지 않는다면 어리석다고 할 수밖에 없다.

출가의 꿈을
미얀마에서 이루다

1995년 12월, 다시 미얀마에 갔다. 양곤의 공항에 도착하자 열대 기후의 특이한 냄새가 나를 반겼다. 건기라서 그런지 햇볕의 기운도 덜했고, 지겹도록 습하게 다가왔던 축축함도 없었다. 지난 경험이 있었기에 부담스럽지 않았고 더욱 정진하고자 하는 의욕이 일어났다. 나는 다시 마하시 위빠사나 수행처로 향했다.

두 번째 미얀마에서는 비구계를 받기로 결심했다. 미얀마 등 남방불교에서는 언제든 출가와 환속이 가능하기 때문에 비구계를 받는 게 세속과의 영원한 결별은 아니다. 출가는 언젠가 한 번은 해 보고 싶었던 꿈이었다. 머리를 자르고 가사를 입고 수행자로서의 본격적인 삶을 살아 보고 싶었다. 누구의 방해도 받지 않고 오로지 수행에만 전념해 보고 싶었다.

茶毘 다비-위빠사나 수행기

출가를 위해서는 먼저 사미계를 받고 비구계를 받아야 했다. 어느 스님께서 머리를 깎아주는데 눈앞에 떨어지는 머리카락들에 그저 담담하기만 했다. 긴 머리카락을 자르고 나면 면도날로 두피를 미는데 열꽃이 많아서인지 여기저기서 피가 났다. 비구계를 받는 의식은 시마홀이라는 큰 법당에서 여러 스님들을 모시고 진행한다.

고대하던 출가 의식이 시작되었다. 많은 큰스님들을 모시고 진행하니 모든 행동이 조심스러웠다. 경건한 마음으로 그저 시키는 대로 따라 하기만 하면 되는데, 언어가 달라 시키는 대로 하기가 쉽지 않았다. 그런데 예상치 못했던 문제가 생겼다. 비구계를 받는 경건한 의식 중에 배탈이 난 것이었다. 배가 사르르 아프더니 갑자기 화장실에서 오라는 신호를 보냈다.

'내가 너무 긴장했나? 음식에 문제가 있었나? 이런 난감할 때가 있는가!'

하지만 계속 참고 견디는 것은 더 큰 폭탄을 안고 가는 셈이었다. 결국 배탈이 났다고 말하니 다행히 다녀오란다. 가까운 화장실로 달려갔다. 그런데 화장실에서 또 문제가 생겼다. 환경이 달랐다. 그동안 외국인 숙소에만 있었기 때문에 잊고 있었는데, 현지인들을 위한 화장실에는 화장지도 없었고, 특이한 모양의 바가지로 물을 퍼서 손으로 닦아야 하는 상황이었다. 작년에 미얀마 전역을 여행하면서 가끔 사용해 보았지만 여전히 어설프고 난감해 어쩔 줄 몰라 하고 있었다. 밖에서는 큰스님들께서 기다리신다고 얼른 나오라고 재촉하는데 정말 혼이 났다. 한참이 지난 지금 생각해도 아찔하다. 화장실 사건으로 인해 경건해야 할 비구계 의식이 엉망이 되었다. 내가 그토록 꿈꾸었던 경건한 출가 의식과는 거리가 멀었지만, 결국에는 비구계를 받고 비구가 되었다.

비구가 되면 가사를 걸치게 된다. 가사(袈裟) 안에는 원래 속옷을 입지 않는다. 가사 자체는 기다란 두 장의 천으로 단순하지만 열대지방의 기후에 잘 맞게 되어 있다. 가사는 때와 장소에 따라 입는 방식이 다르다. 절 안에서, 스승을 뵐 때, 외출할 때 상의를 입는 방식이 바뀌었다. 특히, 탁발이나 외출할 때에는 머리 외에 속살이 보이지 않도록 가사를 말아서 입어야 하는데 쉽지 않았다. 무엇보다도 227개의 계율을 지켜야 된다는데 사실 외울 수도 없었다. 그러다 보니 모든 행동이 조심스러웠다. 비구로서의 위상을 지닌다는 것이 한편으로는 부담스러웠지만 다른 한편으로는 홀가분했다. 이상하게 갈색의 가사는 내 마음의 의지처가 되어주었다. 미얀마에도 매일 스님들이 주관해야 하는 의례가 있었지

만, 수행처이기 때문에 나는 수행에만 전념하면 되었다.

이렇게 스님으로서의 수행생활은 시작되었다. 재가수행자로 지낼 때보다 조금은 해방된 기분이 들었지만 동시에 스님으로서 지켜야 하는 것들이 부담으로 다가왔다. 가사를 입은 것은 수행을 더욱 진지하게 유지할 수 있도록 도와주었다. 숙소에서 출발하여 수행처로 갈 때, 혹은 공양처로 갈 때에도 집중을 유지하고자 노력했다. 한 걸음 한 걸음 옮겨 걸으며 경행을 할 때에도 현재의 순간에 머무를 수 있었다.

한 번은 경행을 하고 있는데, 눈앞에 뭐가 어른거려서 주위를 살펴보니, 많은 여자 신도들이 나를 향해 신을 벗고 무릎을 꿇고 앉아 엎드려 삼배의 예를 올렸다. 실내도 아닌 길가에서 말이다. 그들은 수행하는 출가자를 향해 삼배로 경배하였다. 하지만 내가 수행하지 않고 급하게 팔을 휘저으며 걸어가면 쳐다보지도 않았다. 그들은 수행하는 모습과 그렇지 않은 모습을 구분할 수 있는 경험자들이었다. 수행자의 참다운 모습을 그들이 먼저 알고 있었다. 이런 불자들의 힘이 모여 미얀마 불교를 이끄는 것 같았다.

나의 출가 생활은 다른 나라에서 온 외국 스님들과 함께하게 되었다. 이번에는 라오스 스님들 몇 분과 한국 스님들이 주로 수행을 진행하고 계셨다. 라오스 스님들은 20대의 젊은 스님들로 수행하는 모습이 매우 세련되어 보였다. 그중에 젊은 스님 한 분은 좌선 시간마다 항상 삼매에 들어있는 듯 진지하고 아름다운 모습이었다. 그가 한 번 좌선을 시작하면 시간 가는 것은 아무런 상관이 없이 집중이 유지되는 듯 보였다. 그 스님은 항상 천진한 미소의 소년과 같은 얼굴로 사람들을 대했고, 고통이 없는 듯 너무나 순조롭게 수행을 진행하는 것처럼 보였다. 어쩜 저렇게 천진하면서도 부드럽게 수행할 수 있는지 부럽고 기특했다.

그런데 시간이 흘러도 예전에 통역을 담당하던 우 떼자우다 스님이 보이지 않았다. 미얀마 친구이자 미얀마 여행을 안내해 주었던 스님의 안부가 궁금했다. 나중에 알고 보니 작년에 한국 사람들과 여행하여, 수행센터에서 무단이탈로 징계를 받았다고 한다. 그 스님 덕분에 잠시나마 긴장에서 벗어나 미얀마 전역을 돌며 이완을 경험했던 생각이 떠올랐다.

미리 마셔 버린 축배는
고통이었다

다행스럽게도 이번 수행에서는 지도하는 스님이 이 사람 저 사람으로 바뀌지 않았다. 인터뷰는 지난 번 나에게 자상한 지도를 해 주셨던 우 와사와 사야도로 정해졌다. 이제는 사야도가 바뀔 때마다 새롭게 수행 과정을 설명해야 하는 번거로움이 사라졌다. 통역도 한국에서 출가하여 미얀마 어를 배우고 통역으로 봉사하시는 범라 스님(비구니)으로 정해졌다. 범라 스님께서는 이미 깊은 지혜를 체험하신 분이며 나에게 균형에 대한 중요성을 다시 한 번 일깨워주신 분이다. 어느 누구보다도 내가 미얀마에 있는 동안 많은 도움을 주셨다.

　미얀마에 도착해서 비구가 된 나는 진중한 마음으로 정진을 시작했다. 그리고 두 주쯤 지난 어느 날, 우 와사와 사야도께서 내게 며칠 내에 좋은 일이 있을 것 같다고 말씀하셨다. 내 수행이 좀 더 성숙된 것을 보신 모양이었다. 인자하시지만 칭찬에는 인색하신 분께서 그렇게 말씀하시니 기분이 좋았다. 인터뷰 때 주위에서 그 이야기를 들은 한국 스님들께서도 무척 기뻐하셨다. 몇몇 분은 나보다 더 좋아하는 것 같았다. 하지만 미리 마신 축배에 불과했다.

나는 잔뜩 기대를 하며 수행을 이어 갔다. 그런데 며칠 후 취침 시간이 되어 개인 숙소의 침대 앞에 갔는데 모기장 안에 모기 한 마리가 보였다. 미얀마의 숙소 안에는 낮고 좁은 나무 침대가 마련되어 있다. 그리고 그 침대 위의 천장이나 침대 기둥에 모기장을 걸어 그 안에 들어가서 잠을 자는데, 모기장을 들어 올리고 침대로 올라갈 때 그 틈을 타고 들어오는 모기가 왕왕 있다. 눈에 들어온 모기에게 물리기 싫은 생각이 들었고, 모기를 몰아 모기장 끝으로 쫓았는데 그때 모기장 끝에 달려 있던 먼지가 내 콧속으로 들어왔다. 기분이 좋지는 않았지만 대수롭지 않게 생각했다. 하지만 이상하게 그 다음 날부터 기침이 나기 시작했다. 기침 때문에 집중은 깨졌고 관찰하기가 힘들었다. '이 또한 장애다'라고 생각하고 관찰의 대상으로 삼았다. 하지만 언제 튀어나올지 모르는 불규칙한 기침을 관찰의 대상으로 삼기는 어려웠다. 목이 간질간질하더니 '컥', 어느 사이엔가 또 간질간질하더니 '컥', 다른 방법은 없었다. 기다려서 관찰하고, 또 기다려서 관찰할 수밖에 없었다. 목이 간질간질하다가 돌발적으로 튀어나오는 기침을 죽기 살기로 들여다보았다. 이 기침이 사라지는 데 일주일 이상이 걸렸다. 그래도 사라져서 다행이었다.

기침을 기다리고 관찰하다 보니 그동안의 주의력이 떨어진 것같았다. 그래도 다시 마음을 잡고 정진 또 정진했다. 기침이 사라지자 다시 정상적인 집중을 유지할 수 있었다. 일주일 정도가 지나니 몸과 마음이 정상 궤도에 들어선 것 같았다. 그런데 갑자기 다시 기침이 나오는 것이었다.

'아니 이럴 수가, 분명히 사라졌었는데…'

다시 처음부터 시작하는 기분이었다. 그리고 다시 기침을 잡는데 일주일 정도가 더 걸렸다. 왕도는 없었다. 그저 꾸준히 바라보는 방법이 최선이었다. 두 번째는 더 힘들었다. 기침이 사라져 다시 정진을 시작했다. 일주일 정도 얌전히 진행되어서 몸과 마음이 정상의 궤도에 들어서려는데 또 다시 '컥!'

'아 이게 무슨 운명이란 말인가…'

茶毘 다비-위빠사나 수행기

나는 지쳤다. 더 이상 용기가 나지 않았다. 정말 쓰라린 마음으로 포기해야 했다.

'5년 동안의 노력으로 거의 다 왔는데, 어찌하여 이런 복병을 만났단 말인가?'

'차라리 모기에게 내줄 것을….'

정말 마음이 아팠다. 관찰을 내려놓자 기침은 걷잡을 수 없이 심해졌고, 나는 다시 시작할 기력을 모두 잃었다. 우 와사와 사야도를 찾아뵙고 더 이상 수행할 수가 없다고 말씀드렸다. 사야도께서는 수행하지 않아도 좋으니 센터에서 머물며 쉬라고 하셨다. 그러나 더 이상 센터에 머물고 싶지 않았다. 이놈의 성질머리가 또 올라온 것이다. 울고 싶었다. 이 절망도 기대에서 오는 것, 내가 너무 기대를 했었나 보다.

수행처를 벗어나
미얀마 현지 스님처럼 생활하다

범라 스님의 도움으로 미얀마의 작은 현지인 절로 옮겨 좀 쉬기로 했다. 그곳에는 30~40대로 보이는 주지 스님, 동자 스님 둘, 그리고 20대의 젊은 스님 한 분이 계셨다. 법당과 큰 방 하나가 있는 작은 절이었다. 이곳에 비하면 마하시 명상센터는 호텔이다. 이 작은 절의 환경은 열악했지만 마음은 편했다. 밤에는 큰 모기장을 치고 두 군데로 나누어 잤다. 현지 스님들과 말이 통하는 것도 아니고, 밥 먹으라고 신호하면 밥을 먹고 그렇게 눈치껏 지냈다.

센터를 벗어났지만 수행을 놓을 수는 없었다. 심해진 기침으로 콜록콜록하면서 관찰을 지속했다. 어쩌면 미얀마의 진짜 스님 생활이 시작된 것이었다. 자그마한 절답게 절은 조용하기 그지없었다. 낮에는 20대의 젊은 스님과 나밖에 없었다. 그 스님은 내가 좌선하는 모습을 보고 관심을 갖는 듯했다. 우리는 서로 손짓 발짓을 동원하며 대화를 시도했다. 언어라는 것이 얼마나 편리하고 중요한지를 실감하면서, 벙어리처럼 서로의 의사 전달을 위해 애를 썼다. 어느 날은 젊은 스님이 『영어-미얀마어 사전』을 가지고 왔다. 서로 영어를 잘하는 것은 아니었지만, 나름의 소통이 가능해졌다. 내가 영어 단어를 찾으면 미얀마 어를 보고 의사가 전달되는 것이다. 어설픈 소통으로 미얀마의 젊은 스님께 위빠사나 수행법을 전했다. 앉는 자세부터 시작하여, 배를 만져가면서 마음으로 호흡의 움직임을 보는 것이라고 전달하는 데 애를 먹었다.

하루는 한 수를 배운 젊은 스님이 갑자기 손짓으로 어디를 가자고 졸랐다. 따라가 보니 찻집이었다. 그가 나에게 차를 대접하는 것이었다. 아마 고마움에 대한 표시인 것 같았다. 덕분에 모처럼 수행에 대한 집착과 기대를 내려놓고 오랜만에 여유를 가질 수 있었다. 나는 정말 오랜만에 진짜 차의 맛을 온전히 즐길 수 있었다.

사람들은 각자가 처한 상황, 환경, 생각에 따라 적응하는 것 같다. 우리에게는 적응이라는 무기가 있었다. 젊은 스님과 나는 시선과 표정으로 부족한 대화를 채우면서 주위에 있는 탑을 산책하고 맑은 공기도 흠뻑 마셨다.

'이 스님이 수행에 관심을 갖기 시작했으니 언젠가는 그 길을 찾아가겠지….'

얼마의 시간이 흘러, 나는 가빠예(Kabaye)에 있는 승가대학의 숙소로 자리를 옮겼다. 대학의 총장님은 자상하고 친절하며 식사 때 반찬을 챙겨주기도 하셨다. 숙소에는 20여 개 침상이 있었는데 나는 그 방을 독차지했다. 낮에는 주변의 탑들과 사원들을 둘러보며 산책했고 나머지 시간들은 여전히 기침과의 전쟁을 벌였다. 하루는 범라 스님께서 내가 머물고 있는 가빠예 숙소로 찾아오셨다. 나는 우 떼자우다 스님의 안부가 궁금하던 참이었기에 스님의 집을 함께 찾아보자고 부탁을 드렸다. 그리고 수소문 끝에 어렵게 '노스 다곤(North Dagon)'의 버스정류장 주변에 있는 집(절)을 찾을 수 있었다. 하지만 스님은 일이 있어 절을 비웠고, 언제 돌아올지 알 수 없었다. 할 수 없이 메모만 남기고 숙소로 돌아왔다. 바로 이튿날 그는 나를 찾아왔다. 정말 반가웠다. 그는 무조건 자기 집으로 가자고 했다. 그의 재촉에 시달려 다음 날 총장님께 떠나겠다는 인사를 드렸다. 총장님은 나의 건강을 기원하시며 가사 한 벌을 주셨다. 감사한 마음으로 수지하고 우 떼자우다 스님의 절로 향했다.

엄밀히 말해 그는 절이 아닌 집에서 살았다. 그는 자기가 있는 곳이 절이라고 했지만 미얀마의 일반 집에도 모셔져 있는 불상이 있는 수준으로, 내 판단에는 일반 가정집이었다. 나는 거기서 미얀마의 가정집 생활을 시작했다. 가사를 입은 두 스님이 가정집에 사는 것이다. 펌프로 물을 퍼 올려 목욕을 했다. 주변에 기둥을 세우고 가사를 둘러치면 커튼처럼 된다. 하늘이 보이는 노천탕에서 목욕을 하는 셈이다. 아침 공양은 집 주위의 간이식당에서 밀크 티와 튀긴 빵을 먹었다. 미얀마 사람들은 더운 날씨 탓인지 집에서 음식을 잘 해 먹지 않았다. 점심은 집에서 좀 멀었지만 중식당을 찾아갔다. 미얀마의 현지인들이 먹는 전통음식은 입에 그리 맞지 않았지만 중국음식은 먹기에 수월했다. 이제 화장실도 익숙해졌다. 바가지로 물을 퍼서 쓰는 데 요령이 생기니 그런 대로 괜찮았다.

세 명의 비구가 쉰 살 된
자동차로 여행을 떠나다

나의 친구 우 떼자우다 스님은 존재만으로도 나에게 위안이 되었다. 그가 있어서 여유로웠고 수행의 긴장으로부터 벗어날 수 있었다. 수행의 간절함을 잠시나마 잊을 수 있었던 것이다. 그와 산책하면서 잘 모르는 영어로 많은 이야기를 나눴다. 불교 이야기에서 시작하여 타 종교 이야기, 잘 모르는 이슬람교까지 영역은 조금씩 넓어졌다. 처음에는 의사소통이 어려웠는데 자꾸 이야기를 하다 보니 수월해졌다. 특히 내가 단어 몇 개만 나열해도 마치 다 알아듣는 것 같았다. 그리고 내 영어 표현이 틀리면 바로 잡아주었다.

우 떼자우다 스님께는 차가 한 대 있었다. 일본산 마츠다로 쉰 살이 된 차였다. 차는 마치 가사의 색깔처럼 붉은 갈색으로 칠해져 있었다. 보닛을 열어 수시로 라디에이터에 물을 부어야 했고, 안에 타고 바닥을 보면 구멍이 숭숭 뚫려 땅바닥이 보일 정도였다. 우 떼자우다 스님은 그 애마를 끌고 여행하길 좋아했다. 마하시 위빠사나 명상센터에서도 한국인 수행자들과 여행하기 위해 무단이탈을 하여 징계 받았는데, 나를 보자 또 여행을 권유했다. 나는 기침 때문에 집중수행이 힘든 것도 있었지만, 긴장의 끈을 내려놓고 여행을 하는 것도 좋을 듯싶어 흔쾌히 승낙을 했다.

이번 여행은 우리 둘 이외에 우 순다라 스님과 함께하기로 했다. 한국에서 같이 수행하고, 함께 미얀마로 출국하고, 함께 비구계를 받은 우 순다라 스님은 순룬 위빠사나 수행센터에서 수행하고 계셨다. 그는 '코리아 순룬'이라고 불릴 정도로 순룬 수행에 탁월한 능력을 보이고 있었다. 그도 잠시 휴가를 얻어 미얀마 여행에 동참하게 되었다. 50년 된 구멍 난 차에 세 명의 어설픈 비구가 대망의 여행을 시작하게 된 것이다.

하지만 여행의 패턴은 이전과 마찬가지였다. 호텔은 구경만 하고 잠은 주로 절에서 자는 것이었다. 미얀마 전국에 유명한 곳, 특히 유명한 큰스님이 계시는 곳은 거의 다 찾아갔다. 그런데 특이한 것은 인사드린 큰스님들 중에서 위빠사나 수행을 한다는 스님은 딱 한 분을 뵐 수 있었다. 이 분은 특이하게도 이동 중에 강을 건너는 배 안에서 만났다. 아주 유명한 스님이란다. 미얀마는 나에게 위빠사나의 나라였는데 막상 미얀마를 다녀 보니 위빠사나를 아는 사람은 많지 않았다.

미얀마 중부의 바간(Bagan)에 도착하니 우 떼자우다 스님의 진가가 발휘되었다. 일반인들은 출입을 불허하는 모든 탑과 성지를 방문할 수 있었다. 특히, 관리인을 부르면 마치 큰스님들을 모시듯이 정중히 문을 열어 자세히 볼 수 있도록 해주었다. 미얀마는 불교를 위해 존재하는 나라 같았다.

하루는 큰 사원의 의자에 앉아 쉬고 있었다. 나이든 여자 한 분이 다가와 무릎을 꿇고 나를 향해 삼배를 한 후에, 무언가 꼬깃꼬깃한 물건을 전했다. 받고서 자세히 보니 작은 액수의 미얀마 돈이었다. 아주 작은 액수였지만 무어라 말로 표현하기 어려웠다. 자신에게 소중한 것을 삼보를 대표하는 스님께 전하는 모습은 정말 감동적이었다. 나는 어떻게 표현해야 좋을지 몰라 조금 당황했다. 축복경의 한 구절이라도 읊어드려야 했는데 그저 고개를 끄덕여 보였을 뿐 마음을 전하진 못했다. 우리 돈으로 따지면 몇백 원도 안 되는 액수지만, 일반인에게 처음 받아 보는 보시었다.

茶毘 다비-위빠사나 수행기

이 보시는 나 개인에게 하는 것이 아니라 삼보에 하는 것이라 마음속 깊이 새기며, 더 열심히 수행해야겠다고 마음먹었다.

여행 중 다음으로 들른 곳은 미얀마 중부의 민잔(Myingyan)이라는 곳이다. 이곳은 아라한으로 알려진 순룬 사야도께서 수행하시고 수행처를 만들어 법을 설하신 곳으로도 유명하다. 순룬 사야도는 열반하시며 "나를 위해 단 한 줌의 흙도, 단 한 가닥의 나무도 사용하지 말라"는 마지막 유언을 남기셨다고 한다. 제자들은 화장도 매장도 할 수 없었고 그냥 모셔둘 수밖에 없었는데, 시간이 흐르며 그의 몸에서 향기가 나기 시작했다고 한다. 지금도 그의 시신은 유리관 안에 건조하게 마른 상태로 모셔져 있다. 이곳을 다투기념관이라고 부른다. 우 떼자우다 스님은 근엄한 목소리로 관리인을 부르더니 순룬 사야도가 모셔진 유리 상자를 열라고 했다. 관리인은 문을 활짝 열고 우리에게 친견을 허락했다. 순룬 사야도의 몸을 만져 보니 살아 있는 사람처럼 살결이 부드럽게 느껴졌다. 시신인데도 불구하고 이상하기보다는 친근하게 느껴졌다. 향긋한 향기가 난다고는 하는데 사실 향기는 잘 알 수 없었다.

'사람의 몸이 오래도록 부패하지 않고 이렇게 보존될 수 있다

니….'

불가사의한 현장을 직접 목격하며 아라한의 몸을 존경하는 마음으로 만져 보고 합장하고, 또 만져 보고 합장하면서 차분한 마음으로 참배를 했다. 다투기념관에 참배 온 미얀마의 불자들이 우리를 보고는 내일 아침 공양을 모시겠다고 했다. 아침식사를 초대받은 것이다. 미얀마는 불국토가 맞다.

우리는 다음 날 아침까지 각자의 시간을 보내기로 했다. 순룬의 위빠사나를 수행하는 우 순다라 스님은 순룬 사야도 옆에서 밤샘 정진을 하기로 했고, 우 떼자우다 스님과 나는 며칠 전에 양곤에서 만났던 다투(dhātu) 사야도의 절을 찾아갔다. 다투는 빠알리어로 요소(elements)라는 뜻으로, 지수화풍의 사대(四大)를 말할 때도 사용하고, 몸과 마음의 18가지 요소를 말할 때도 사용된다. 미얀마에서는 이러한 특징을 가진 의미로 '수행자의 뼈' 혹은 '사리' 등을 통칭하는 말로 사용하기도 한다. 그의 사원에는 커다란 탑을 중심으로 내부에 사리 박물관이 있었다. 내부에 모셔진 어마어마한 사리들은 정말로 놀라웠다. 타고 남은 수행자의 몸에 박혀 있는 영롱한 작은 구슬들과 병마다 가득가득 들어 있는 사리들…. 수행자들의 남은 모습이라고 생각하니 감개무량이란 표

茶毘 다비-위빠사나 수행기

현이 절로 나왔다.

그는 부처님의 치아 사리부터 뇌·살·뼈 사리뿐만 아니라 10
대 제자의 사리들 그리고 다른 아라한들의 사리까지 모시고 있었
다. 너무 많아서 산더미 같다는 표현이 나올 정도였다. 사리는 옛
날 오대산 상원사에서 한 과를 친견한 것이 전부였다. 어떻게 몸
속에서 타지 않고 이렇게 영롱한 것이 나올 수 있을까 정말 신비
로웠다. 이 모든 것들을 친견할 수 있는 것은 열심히 수행한 공덕
이라 생각하면서 그 사리들이 있는 옆방에서 하룻밤을 보냈다.

아침에 해가 뜨자 우리는 아침 공양을 위해 초대받은 집으로
갔다. 그들은 맛있는 음식들을 가득 차려 놓고 대기하고 있었다.
우리를 최대한 정중하게 모시기 위해 신경 쓰고 있었다. 우 떼자
우다 스님의 축언이 끝나고 생전 처음 보는 음식들을 맛있게 먹
었다. 그들은 스님들과 겸상하지 않았다. 다양한 음식으로 상을
따로 차려, 몇몇이 상을 직접 들어 스님께 올린다. 그러면 스님은
손으로 상을 건드려 상을 받았음을 표현한다. 이렇게 전달하지
않은 음식은 발우로 옮겨 먹을 수 없다. 또한 그들은 스님과 같은
시간에도 식사하지 않았다. 스님의 식사가 끝나야 먹는단다.

한 가지 숙제는 공양을 받았으면 법문을 해야 한다는 점이다.

이것이 이들의 규칙이다. 시간이 흘러 나에게도 법문할 차례가 왔다. 잘 되지도 않는 영어로 어설프게 법문을 하면, 우 떼자우다 스님이 알아서 미얀마어로 통역을 해주었다. 성대한 아침 공양에 소박한 법문을 마치고 우리는 그 집에서 나왔다.

세 명이 함께한 여행은 20여 일간 지속되었고, 모처럼의 자유를 만끽할 수 있었다. 많은 사원들과 유명한 사야도들을 만나러 다녔고 많은 탑들을 볼 수 있었다. 또한 외딴 시골 강가에서는 군인들의 휴양지에 세워진 방갈로에서 푹 쉴 수 있었다. 그럴 수 있었던 것은 단 한 가지, 스님이기 때문이다. 미얀마에서는 스님을 각별히 대접한다. 한마디로 특별대우를 받은 것이다.

우 순다라 스님의 휴가 기간이 만료되어 우리 셋은 다시 양곤으로 돌아왔다. 우 순다라 스님은 수행처로 돌아가고, 우 떼자우다 스님과 나는 양곤에 잠시 머물다가 또다시 미얀마 남쪽을 10여 일간 여행했다. 그러나 수행 중 일어난 기침은 좀처럼 좋아질 기미가 보이지 않았다. 여행을 하는 중에도 기침은 멈추지 않았다. 미얀마 전국을 돌아다니며 지역마다 추천하는 기침약을 먹어 보았지만 전혀 소용이 없었다. 이 기침은 국내에 돌아와서도 몇 개월 동안 계속되다가 여러 치료를 받고 겨우 가라앉았다.

茶毘 다비-위빠사나 수행기

생멸 현상 속에서
무아(無我)를 보다

몸과 마음의 생멸현상을 바라보면, 내 의지와는 전혀 상관없이 그것들이 스스로 일어나고 스스로 사라지는 것을 볼 수 있다. 내 안에서 일어나는 일들이라고 할지라도 내가 통제할 수 있는 것은 아무것도 없었다. 과연 내 몸과 마음 안에서 내가 의지대로 조절할 수 있는 것은 얼마나 될까? 예를 들어 가려움이라는 현상이 일어났을 때를 생각해 보자. 제일 먼저 시원하게 긁고자 하는 욕망이 일어나고, 그 욕망에 손을 움직이려는 의도가 발생한다. 그 의도는 손을 드는 행동을 만들어 내고, 또 다른 의도들과 함께 다양한 행위들로 연이어진다. 가려움이 발생하고 긁는 결과까지의 모든 과정은 그들의 조건들과 인연이 닿은 결과들에 따라 연속적으로 이루어져 있다. 가려운데 가렵지 말라고 아무리 주문을 한다고 할지라도 가려움은 사라지지 않는다. 내 마음대로 통제되지 않는 것이다. 엉덩이의 통증 역시 마찬가지이다. 통증이 오면 자세를 바꾸거나 일어나고 싶은 마음이 생긴다. 이러한 통증을 조건으로 일어나고 싶은 욕구가 생기고, 의도와 행위의 연속 과정에 의해 결국 움직임이 이루어져 통증을 벗어난다.

결국 나라고 하는 주체가 있어 이들을 통제하는 것은 아니다. 마치 내가 통제하는 것 같지만 그 사이에는 내가 놓치고 있는 무수히 많은 조건과 작용들이 함께한다. 혹시 내가 있어 조정한다고 할지라도 그 역시 생멸현상의 일부일 뿐, 따로 존재하는 것이 아니다. 이런 과정은 예리한 주시를 통해 살펴지는 것들로 수행자가 아니면 보기 어렵다. 고민과 분석을 통해 하나하나씩 구분하는 것이 아니다. 알고자 하여 아는 것이 아니라, 바라보다 보면 어느 순간에 저절로 알아지는 것이다. 따라서 수행자의 역할은 오직 바라볼 뿐이다.

미얀마의 일들은 뒤로하고 다시 한국에서의 수행이 시작되었다. 기침이 가라앉자 다시 정상적인 수행이 진행되었다. 몸 안에서 일어나는 모든 현상들은 주시(sati)하는 대로 사라졌다. 모든 주시는 마치 자동적으로 이루어지는 것 같았고, 그 과정에는 대상과 바라보는 마음밖에 없었다. 좋고 싫고를 떠나 무한한 평화로움이 유지되었다. 몸으로 흐르는 잔잔한 전율들, 미약한 일어남과 사라짐, 그리고 평온함 속의 앎만이 남아 있었다. 인생을 살면서 행복과 보람을 기대하지만, 수행을 하면 할수록 이러한 기대는 벗겨져 나갔다. 더 이상 나에게 인생이 행복하다는 생각은 사라졌다.

원인과 결과로 이루어진
생멸의 현상들이 정지되었다

1997년 5월 8일 어버이날, 집에서 좌선하는 중에 순간적으로 두 번이 잘려 나갔다. 졸음에 잠시 빠지면 조는 순간을 알아차릴 수 있다. 또한 이 과정에서 선후의 변화를 경험할 수 있다. 하지만 잘려 나간 두 번의 순간은 졸음도 아니었고 선후에 변화도 없었다. 이 짧은 순간들이 완전히 없어져 버렸다. 이전의 경험했던 '깜빡'과는 또 달랐다. 하지만 첫 경험이라 확실하지 않았다.

'그렇다면 길게 연장해 보면 될 것 아닌가.'

먼저 중지를 경험하신 혜조 스님(Ven. Ñāṇaloka)께서 그런 현상이 오면 발원을 세우고 연장해 보라고 알려주신 말씀이 생각났다. 그 조언 덕택에 당장에 스승이 없어도 문제될 게 없었다. 몸과 마음은 안정적이었고 주시는 명확하게 살아 있었다. 바라거나

茶毘 다비-위빠사나 수행기

애쓸 필요 없이 그대로 정진하면서 경험되는 대로 바라보기만 했다. 그 다음에 진행하니 5분 정도 잘려 나갔다. 이제는 어떠한 경험인지 분명해졌다. 하루에 한 번, 어느 날은 두 번 중지를 경험했다. 사실 이때 나에게 날짜는 의미가 없었다. 이 기간 수행은 24시간 쉼 없이 진행되었다. 밤이고 낮이고 상관없이 예리한 집중은 그대로 유지되었다. 열감은 없지만 몸이 마치 불 속에서 이글이글 타오르는 것 같았다. 다시 발원을 세우고 진행하니 10분 정도가 잘려 나갔다. 잘려 나간 이후에는 마음과 몸이 다시 살아나고 심장이 강하게 뛰었다. 잘려 나간 중지의 순간에 어떤 현상이 있는지 보려고 모든 주의력을 동원했지만, 마음이 알 수 있는 것은 잘려 나가는 전과 후의 상태들뿐이었다.

다시 발원하고 진행하니 20분 정도씩 잘려 나갔다. 누워서 잠을 청해도 자는 것이 아니라 계속 주시가 살아 있었다. 자도 자는 것이 아니었다. 정말 아무것도 없었다. 그토록 예민하게 살아 있는 주시는 아무런 티끌만큼의 인식도 발견하지 못했다. 오직 주시만이 남아 있다가 주시마저 잘려 나가는 것이었다. 잘려 나가는 전후의 몸은 이글이글 불에 타는 듯했다.

다시 발원을 세우니 30분 정도가 잘려 나갔다. 이제는 연속으로 진행이 가능해졌다. 30분 정도 중지를 체험하고 잠깐 나왔다가 바로 연속해서 다시 30분간 중지를 체험하는 것이 가능해졌다. 잘려 나간 동안에는 어떤 것도 인지할 수 없었다. 이 중지의 순간을 초세간적이라고 한다. 이것을 무위(無爲)라고 부른다. 원인과 결과로 이루어진 생멸의 현상들이 완전하게 사라진 시간이다.

이러한 상태가 유지되던 어느 날, 지방에 사는 오랜 친구로부터 전화가 왔다. 아주 급한 일이 생겼으니 빨리 좀 와달라는 것이다. 이런 난감할 때가 있는가. 그러나 급한 일이라니 거절하기도 어려웠다. 그리고 이 정도의 힘이 생겼으면 다녀와도 별일 없을 것 같았다. 할 수 없이 아들에게 운전을 시키고 옆에 앉아 수행을 하면서 친구의 집으로 향했다. 그런데 급하다고 해서 달려가보니 별일도 아니었다. 그냥 친목상 보고 싶어 부른 것이었다. 지방이라 하룻밤을 자고 그 다음 날 집으로 돌아왔다. 가고 오는 중 심지어 잘 때도 계속 수행했지만 나의 주시는 사그라들었다.

'거절해야 했는데⋯.'

좀 더 신중하게 생각하지 못한 내 자신이 후회스러웠다. 뭔가에 끌리 듯 다녀온 것이다.

열반은 조건으로 연결된
작용의 중지이다

그 일이 있은 후 집에서 한 달가량의 집중수행을 진행했다. 그 이후 나에게는 중요한 세 가지 변화가 일어났다. 첫 번째로 내 안에는 영혼이라든가 변하지 않는 주인과 같은 어떤 실체도 찾아볼 수 없다. 내 스스로 몸과 마음의 바닥까지 훑어가며 확실하게 확인해 보았기 때문에 자신 있게 말할 수 있다. 만에 하나, 나의 부주의로 불변하는 실체를 놓쳤다 할지라도 그토록 숨어 있는 것이라면 나에게는 필요 없는 것이다. 이제 더 이상 고정불변의 실체는 없다. 이것은 내가 믿고 안 믿고의 영역을 벗어났다. 경전이나 법문이 아니라 체험으로 알게 된 사실이다. 두 번째로 법(Dhamma)에 대하여 어떻게 의심할 수 있겠는가. 스스로 경험한 법은 정확하다. 법은 정밀하고 확실하게 설계되었으며 사실만을

茶毘 다비-위빠사나 수행기

말한다. 이제 회의적인 의심은 없다. 세 번째로 나는 사성제 팔정도, 이것만이 해탈로 가는 가장 정확하고 유일한 길이라는 것을 안다. 어떠한 다른 좋은 방법이 있다 할지라도 그 유혹에 물들 수 없다. 다른 삿된 방법들은 허망할 뿐으로 버려야 할 것들이다.

이제 나에게는 다시 태어나게 하는 윤회의 열 가지 족쇄[13] 가운데 세 가지는 찾아보기 어렵게 되었다. 하지만 이들 세 가지 족쇄가 사라졌다고 해서 나에게 크게 달라진 것은 없다. 조건이 형성되면 탐내는 마음과 감각적 욕망이 일어난다. 평생을 그렇게 살았듯이 화도 잘 내고, 여전히 어리석음 속에 살고 있다. 단, 오계를 엄중히 지키려 노력한다. 왜냐하면 업(業)이 무섭다는 사실을 알았기 때문이다. 내게는 오계 중에는 거짓말하지 않는 것이 가

---

13 모두 10가지로 5가지 낮은 족쇄(orambhāgiya-samyojana, 五下分結)와 5가지 높은 족쇄(uddhambhāgiya-samyojana, 五上分結)로 구성되어 있다. 이들은 (1)유신견(sakkāya-diṭṭhi, 有身見), (2)회의적인 의심(vicikicchā), (3)계율이나 의식에 대한 집착(sīlabbata-parāmāsa, 戒禁取見), (4)감각적 욕망(kāma-rāga), (5)성냄(byāpāda, 악의, 혐오), (6)색계(色界)에 대한 욕망(rūpa-rāga), (7)무색계(無色界)에 대한 욕망(arūpa-rāga), (8)아만(māna, 我慢), (9)들뜸(uddhacca), (10)무지(avijjā, 어리석음, 無明)이다. 수행자가 예류과를 얻으면 (1)~(3)의 족쇄들이 사라진다. 두 번째로 수행자가 일래과를 얻으면 남은 족쇄들(4)~(5)이 약화된다. 세 번째로 수행자가 불환과에 들면 미세하게 남아 있던 (4)와 (5)를 완전하게 제거한다. 그리고 마지막으로 수행자가 아라한이 되면 (6)~(10)번의 남은 모든 족쇄들이 사라진다.

장 어렵다. 나머지는 습관이 되니 저절로 지켜지는 경우가 많다.

열반(Nibbāna)은 조건으로 연결된 작용의 중지이다. '이다', '아니다', '있다', '없다' 등으로 사고 체계를 동원하여 분별할 수 있는 작용에 해당하지 않는다.

연기로 만들어진 인지 기능으로는 아무것도 감지할 수 없다.

"청정한 마음도 최후의 인식도 번뇌일 뿐이다.

마음은 바람에 날리는 구름과 같은데 하늘에 구름자리가 있던가.

해탈은 행위이지만 열반은 행위가 아니다.

모든 것이 사라졌던 것을 아는 마음마저 사라지기를 …"

맺 는 말

이 모든 것이 벌써 20년 전에 일어난 일들이다. 수행을 시작하면서 가졌던 '나는 누구인가', '나는 어디서 와서 어디로 가는가?'라는 의문은 이제 해결된 셈이다. 나는 애초부터 존재하지도 않는 나의 고정된 정체를 찾으려 했던 것이다. 결국 나라는 것은 망상이며, 모든 것은 변해 가는 과정일 뿐이다. 다음 단계로 가고자 하지만 참으로 어렵다. 더 나아가려는 욕심, 무엇을 이루었다는 자만심, 재가자의 한계로 조금씩 무너지는 게, 나이도 많아지고 건강도 안 좋아지니 생기는 자괴감이 나를 여전히 괴롭힌다. 십여 년 전부터 천천히 다시 떠오르기 시작한 어지럼증은 나를 괴롭히기 시작하더니 이제는 고착되어 물러날 기미를 보이지 않는다. 병원에 다녀도 소용이 없다. 몇 차례의 오진으로 부작용만 겪어야 했고, 현존하는 발전된 도구로 모든 검사를 다 해도 정확히 모르겠단다.

茶毘 다비-위빠사나 수행기

'삶에 대한 집착은 언제나 사라지려나.'

모든 속박으로부터 벗어나고[解脫] 싶다. 정말 자유로워지고
싶다.

수행은 사람들이 말하는 세속적인 행복이나 이익으로 답하지
않는다. 세속적인 답변을 한다고 할지라도 어쩌다 떨어지는 부스
러기에 불과하다. 수행은 생로병사라는 윤회의 고통으로부터 벗
어나기 위한 길이다. 따라서 만약 지금 살아 있는 세상이 행복하
고, 또 다시 태어나고 태어나서 생사윤회를 반복해도 좋다는 생
각이라면, 또는 이 세상에서의 행복을 추구하는 것이라면, 이런
어려운 수행을 진행할 필요가 없다.

혹시라도 영원한 삶이 있다면 좋을까? 변화 없는 삶이 행복할

까? 지겹지는 않을까? 어쩔 수 없이 좋고 싫음의 변화에서 행복을 느끼고 있다면, 그것이 이미 생사윤회에 속해 있다는 사실이다. 천상 세계의 아름다운 선남선녀와 함께 상상하는 모든 것이 갖춰진 곳에서 천년만년 산다고 해도 결국 허망한 생사윤회에 속해 있을 뿐이다.

나는 이 모든 것을 거부한다. 미루어 생각하는 다음 생이 없다면 그것으로 그만이지 더 나은 삶이란 찾을 수 없다. 물론 다음 생이 있다는 확신이 없다 할지라도, 또는 다음 생에서는 전생을 기억하지 못한다 할지라도, 지금 경험되는 사실만으로도 윤회는 충분히 이해된다. 다음 생이 있든 없든 지금을 살고 있는 나는 계속 정진해 나갈 것이다.

茶毘 다비-위빠사나 수행기

그런데 이 글을 쓰며 다시 지난 시간을 회상하니, 덮여 있던 어리석음을 뚫고 샘솟는 듯한 시원함이 솟아오른다. 팔짝 뛸 것만 같은 두려움 없는 이 기쁨은 무엇이란 말인가….

긴장하고 있는 자신을 발견하네.
이제는 좀 더 이완된 마음으로, 무소의 뿔처럼 혼자서 가련다.

이 내용이 수행자분들께 장애가 아닌 도움이 되길 기원한다.

2017년 7월
정해심 합장

위빠사나 수행기

茶毘 다비

초판 1쇄 발행 2017년 8월 16일
초판 2쇄 발행 2018년 7월 17일

지은이 정해심
사진 정해심
발행인 승영란 · 김태진
디자인 ALL design group
마케팅 함송이
경영지원 이보혜
인쇄 애드플러스
펴낸곳 에디터
주소 서울시 마포구 마포대로14가길 6 정화빌딩 3층
문의 02-753-2700, 2778 **FAX** 02-753-2779
출판 등록 1991년 6월 18일 제 313-1991-74호

값 13,000원
ISBN 978-89-6744-176-0   03200

이 책은 에디터와 저작권자와의 계약에 따라 발행된 것이므로
본사의 허락 없이는 어떠한 형태나 수단으로도 이 책의 내용을 사용할 수 없습니다.

※ 잘못된 책은 바꾸어 드립니다.